Seine-et-Marne

Cofondateurs : Philippe GLOAGUEN et Michel DUVAL

Directeur de collection et auteur
Philippe GLOAGUEN

Secrétaire général
Gavin's CLEMENTE-RUIZ

Rédacteurs en chef
Amanda KERAVEL (France)
Benoît LUCCHINI (Étranger)

Directrice administrative
Bénédicte GLOAGUEN

Conseiller à la rédaction
Pierre JOSSE

Responsable voyages
Carole BORDES

Direction éditoriale
Élise ERNEST

Responsable partenariats
Jérôme DENOIX

Rédaction
Gabriel BERTRAND
Marie BURIN des ROZIERS
Véronique de CHARDON
Carole FOUQUE
Stéphane GONDOIN

hachette

TABLE DES MATIÈRES

PRÉAMBULE

COMMENT Y ALLER ? 26

SEINE-ET-MARNE UTILE 30

HOMMES, CULTURE, ENVIRONNEMENT 33

MEAUX, MARNE ET OURCQ 45

COULOMMIERS ET LE PAYS DE BRIE 53

☎ **112 :** c'est le numéro d'urgence commun à la France et à tous les pays de l'UE, à composer en cas d'accident, agression ou détresse. Il permet de se faire localiser et aider en français, tout en améliorant les délais d'intervention des services de secours.

MELUN ET ENVIRONS

AUTOUR DE MARNE LA VALLÉE

Petite île sur le canal de l'Ourcq à Fresnes-sur-Marne

L'Église Saint-Denys - Sainte-Foy, à Coulommiers

LA RÉDACTION DU ROUTARD

La saga du *Routard* : en 1971, 2 étudiants, Philippe et Michel, avaient une furieuse envie de découvrir le monde. De retour du Népal germe l'idée d'un guide différent qui regrouperait tuyaux malins et itinéraires sympas, destiné aux jeunes fauchés en quête de liberté. 1973. Après 19 refus d'éditeurs et la faillite de leur 1re maison d'édition, l'aventure commence vraiment avec Hachette. Aujourd'hui, le *Routard*, c'est plus d'une cinquantaine d'enquêteurs impliqués et sincères. Ils parcourent le monde toute l'année dans l'anonymat et s'acharnent à restituer leurs coups de cœur en toute indépendance.

Merci à tous les Routards qui sont solidaires de nos convictions : liberté et indépendance d'esprit ; découverte et partage ; sincérité, tolérance et respect des autres.

NOS SPÉCIALISTES

Véronique de Chardon : de son passé d'historienne, elle a gardé un goût certain pour le patrimoine, qu'elle collectionne au gré de ses voyages sans oublier de déguster les spécialités locales. Elle aime partager ses coups de cœur, avec humeur et humour, et entraîne aussi le *Routard* à découvrir les terroirs français, toujours gourmande de nouveaux paysages et de belles rencontres.

Gabriel Bertrand : journaliste formé à Paris, Bangkok et Montréal. Quand il n'avale pas des kilomètres pour le *Routard*, il exerce son autre métier de cœur et de bouche : critique gastronomique, un job plutôt… alimentaire, mon cher Watson ! En quête de nouvelles saveurs, de nouvelles odeurs, de nouvelles couleurs, il rêve de la table ultime : celle qui n'existe pas. Alors, il cherche encore, ailleurs et plus loin encore.

Carole Fouque : elle est entrée au Routard en 1997. Sa passion des terroirs et des produits authentiques a nourri son amour des voyages, l'incitant à repousser toujours plus loin les frontières de sa curiosité gourmande. Depuis près de 25 ans, éclectique et hédoniste dans l'âme, elle prend plaisir à partager ses belles découvertes avec les lecteurs.

UN GRAND MERCI À NOS AMI(E)S SUR PLACE

Pour cette nouvelle édition, nous remercions particulièrement :

- **Méllie Jumelle** de Meaux, Marne, Ourcq Tourisme ;
- **Mélanie Gaillard** de la Communauté de Communes Brie des Rivières et Châteaux ;
- **Anne Godin** de Marne et Gondoire Tourisme ;
- **Emilie Colas** de l'Office de Tourisme Gatinais Val-de-Loing ;
- **Laura Martin** de Provins Tourisme ;
- **Christelle Berthevas** de l'Office de Tourisme du Pays de Fontainebleau ;
- **Fabrice Cotté** de l'Office de Tourisme de Grand Paris sud ;

• Et **Nelly Dufour,** Seine-et-Marne Attractivité, pour sa coordination et son implication dans ce guide.

Ainsi que :

• **Christian Charreu** pour sa contribution sportive ;

• **Gilles Dupuis,** pour ses bonnes adresses ;

• Et **Michelle Heude** pour son accompagnement toujours efficace et enthousiaste.

DU CÔTÉ D'HACHETTE-LIVRE

Direction : Sidonie Chollet

Direction éditoriale : Élise Ernest

Édition : Clara Didier et Olga Krokhina-Antonov

Cartographie : Frédéric Clémençon et Aurélie Huot

Fabrication : Liza Sacco

Relations presse : Rachida Mazef • rmazef@hachette-livre.fr •

Contact Partenariats : Jérôme Denoix • jeromedenoix@gmail.com •

Silhouette du Routard : Clément Gloaguen (d'après Solé) ; **couverture :** le-bureau-des-affaires-graphiques.com ; **maquette intérieure :** le-bureau-des-affaires-graphiques.com, Thibault Reumaux et npeg.fr

Pictogrammes du Routard

Établissements

- Hôtel, auberge, chambre d'hôtes
- Camping
- Restaurant
- Terrasse
- Pizzeria
- Boulangerie, sandwicherie
- Pâtisserie
- Glacier
- Café, salon de thé
- Café, bar
- Bar musical
- Club, boîte de nuit
- Salle de spectacle
- Boutique, magasin, marché

Infos pratiques

- Office de tourisme
- Poste
- Adapté aux personnes handicapées

Sites

- Présente un intérêt touristique
- Point de vue
- Plage
- Spot de surf
- Site de plongée
- Recommandé pour les enfants
- Inscrit au Patrimoine mondial de l'Unesco
- Pas de côté

Transports

- Aéroport
- Gare ferroviaire
- Gare routière, arrêt de bus
- Station de métro
- Station de tramway
- Parking
- Bateau
- Bateau fluvial
- Piste cyclable, parcours à vélo

Basilique Saint-Mathurin, à Larchant

La ***Seine-et-Marne*** c'est à la fois ses châteaux, ses sites classés au patrimoine mondial de l'UNESCO mais c'est aussi la nature, la gastronomie et des lieux insolites. Ce territoire suscite autant la curiosité que l'admiration des voyageurs.

Du ***musée de la Grande Guerre*** au nord du plus grand département de l'Île-de-France, aux châteaux de ***Champs-sur-Marne,*** de ***Vaux-le-Vicomte,*** de ***Blandy-les Tours,*** de Rosa Bonheur à ***Thomery*** et celui de ***Fontainebleau*** plus au sud, la Seine-et-Marne vous offre un véritable voyage dans le temps.

Toutes les époques de l'histoire de France traversent la Seine-et-Marne marquant ainsi l'importance de ce territoire et son dynamisme.

Les ***savoir-faire de ses artisans et de ses producteurs locaux*** ont su de génération en génération façonner son paysage. Un mélange, ville et campagne, fait de ce département une destination attractive et atypique. Quel que soit votre âge, la Seine-et-Marne est faite pour vous !

1,4 million d'habitants y ont élu domicile et chaque week-end de nombreux parisiens viennent s'y ressourcer. ***Festivals, foires, expositions, manifestations*** sportives et gastronomiques autant d'événements qui concourent à l'identité seine-et-marnaise.

La cité épiscopale de ***Meaux,*** la ville médiévale de ***Provins,*** le village des peintres de ***Barbizon,*** la Venise Briarde de ***Crécy-la-Chapelle*** sont des trésors où culture, patrimoine et art se tutoient ; loisirs, sports et manifestations conviviales se complètent.

Que vous soyez un randonneur amoureux des grands espaces et de biodiversité, un fin gourmet, un sportif assidu ou du dimanche, un féru de culture et de patrimoine, la Seine-et-Marne est une ***terre d'aventure*** aussi surprenante que passionnante. Les aficionados de ***parcs d'attractions ou zoologiques*** y trouveront également leur compte en vivant une expérience unique lors d'un séjour en famille.

Victor Hugo disait « Lire, c'est voyager ; voyager, c'est lire. » ce *Guide du Routard* vous donne l'opportunité de conjuguer ces deux passions en découvrant toutes les richesses de la Seine-et-Marne.

Jean-François PARIGI

Président du Département de Seine-et-Marne

Olivier MORIN

Président de Seine-et-Marne Attractivité

NOS COUPS DE CŒUR

© ESCUDERO Patrick / hemis.fr

1 **Visiter le passionnant musée de la Grande Guerre à Meaux** puis partir se promener sur les traces des poilus à pieds ou à vélo, à moins de préférer faire la grande boucle en voiture. *p.48*

© MATTES René / hemis.fr

2 **Découvrir Provins,** cité médiévale formidablement préservée qui permet de faire un grand saut dans le temps, surtout lors des fêtes qui ont lieu chaque année à la belle saison. *p.66*

3 **Se perdre dans le sublime château de Fontainebleau, « vraie demeure des rois, maison des siècles » puis se promener dans le magnifique parc. Assurément l'un des sites majeurs du patrimoine français.** *p.82*

4 **À Crécy-la-Chapelle, se croire en Amérique du Sud à Parrot World avec les cris et les couleurs des perroquets qui volettent autour de vous et se laisser attendrir par les mines charmeuses des alpagas.** *p.61*

5 **Se promener en rêvant dans le jardin Le Point du Jour à Verdelot, un hymne à la nature et à la poésie aménagé par un couple de passionnés passionnants. Chaque saison est l'occasion d'un nouvel émerveillement.** *p.58*

6 **Depuis un ponton en bois, aller observer la biodiversité du marais d'Épisy, fréquenté par de nombreuses espèces de libellules. Autrefois, les botanistes venaient pour y confectionner leurs herbiers.** *p.107*

La Marne en mode croisières
Au départ de La Ferté-sous-Jouarre, Lagny-sur-Marne, Meaux
CHAMPAGNE
Meaux
01 64 33 02 26
La Ferté-sous-Jouarre
01 64 03 88 09
PARIS
Lagny-sur-Marne
01 64 02 15 15
Flashez et embarquez

7 **Faire une visite avec un médiateur à Galleria Continua à Boissy-le-Châtel** **pour s'initier à l'art contemporain sous toutes ses formes et dans tous ses états.** *p.57*

© GARDEL Bertrand / hemis.fr

8 Flâner dans les rues pavées de Barbizon, lieu emblématique des peintres paysagistes.

À partir de la moitié du XIXe s, ce petit village désormais mythique devint l'endroit privilégié d'une poignée de peintres pré-impressionnistes, précurseurs de l'école de Barbizon : Rousseau, Daubigny, Millet… y posent leur chevalet. *p.87*

© BAREA Carmen / hemis.fr

9 Savourer les spécialités locales et les produits authentiques de la région.

Si les différents fromages et tout particulièrement les bries sont réputés, on se régalera aussi avec les bières artisanales de La Genevraye, le sucre d'orge de Moret-Loing-et-Orvanne, la liqueur de coquelicot de Nemours… *p.34*

© MATTES René / hemis.fr

10 Prendre le temps de se balader sur les rives du Loing.
Leurs cadres bucoliques ont séduit les plus grands peintres venus capter la beauté naturelle des lieux : Renoir, Manet, Pissarro, Sisley… On peut suivre ses rives aujourd'hui, à pied, en bateau ou à vélo sur la Scandibérique, paisible circuit qui longe la Seine et le Loing. *p.99*

© ESCUDERO Patrick / hemis.fr

11 À Melun, dérouler le fil de l'histoire de la Gendarmerie nationale, au garde-à-vous depuis le XIIe s.
Le musée de la Gendarmerie est une pépite : sa scénographie aussi ingénieuse qu'impressionnante met en lumière le rôle crucial de la maréchaussée en France, de la Guerre de Cent ans à nos jours. *p.115*

12 **Admirer le luxe du château de Vaux-le-Vicomte sans oublier de passer un moment dans les jardins.**
Sa magnificence résulte des multiples talents sollicités : Le Nôtre pour les jardins, Le Vau pour l'architecture, Le Brun pour la peinture. Profitez d'une visite aux chandelles pour le découvrir comme autrefois à la lueur des bougies. *p.117*

13 **Se promener sur les bords de la Marne à Chessy, dans l'étonnant jardin de sculptures de la Dhuys et se laisser prendre par la magie du site à la tombée du jour.** *p.132*

© LOURDEL Lionel / hemis.fr

14 **Parcourir le chateau médiéval de Blandy-les-Tours** en résolvant une enquête grâce à la nouvelle appli numérique. Bluffant et passionnant !
p.121

ITINÉRAIRES CONSEILLÉS

Le temps d'un week-end (2-3 jours)

Difficile de vraiment faire un choix tant la Seine-et-Marne est riche de propositions alléchantes ! On vous propose de commencer par **Fontainebleau** et son formidable château, histoire de revoir son histoire de France. Enchaînez avec la charmante demeure de la peintre animalière Rosa Bonheur à **Thomery.** Puis, direction **Barbizon** pour flâner dans les ruelles et découvrir les nombreuses galeries de peintres. Profitez-en pour faire un tour en **forêt de Fontainebleau** au soleil couchant… Le lendemain, on longera **le Loing** en traversant **les petits villages** de **la vallée du Loing,** pour finir le séjour à **Provins,** superbe et évocatrice cité médiévale classée au Patrimoine de l'Unesco.

En une semaine

Itinéraire inverse : après la visite de **Provins,** on se dirige vers les **charmants villages de la vallée du Loing,** avant de passer la nuit dans les environs de **Nemours.** Le lendemain, on (re)découvre l'art de Rosa Bonheur à **Thomery,** puis on prend une leçon d'histoire à **Fontainebleau.** On y dormira, à moins de préférer la volupté de **Barbizon**… On part faire un tour au musée de la Gendarmerie de **Melun,** avec un détour par la forteresse médiévale de **Blandy-les-Tours** puis on enchaîne avec le luxueux château de **Vaux-le-Vicomte.** On remonte encore vers le nord pour **Coulommiers,** puis **Meaux** et son incontournable musée de la Grande Guerre.

Et pourquoi ne pas découvrir le département par ses **villages de caractère** ? Impossible de tous les citer mais voici quelques suggestions.

On commence au nord dans le Pays de Meaux, avec **Montceaux-lès-Meaux** au bord de la Marne, à l'ombre du château. Puis direction **la Ferté-sous-Jouarre,** au confluent de la Marne et du Petit Morin. Poursuivre votre escapade vers **Villeneuve-sur-Bellot,** au cœur de la vallée du Petit Morin, appelée également la « petite Suisse briarde » pour ses paysages. Puis, direction **Aulnoy** dans la Brie des Morin. On continue vers **Villeneuve-le-Comte** et **Coupvray,** ville natale de Louis Braille. Plus au sud, en bordure de la forêt de Fontainebleau, voici le charmant village de **Barbizon,** un des endroits phares de la peinture pré-impressionniste en France. Continuer votre parcours vers **Bourron-Marlotte,** un petit village discret mais ô combien charmant en lisière de forêt aussi, entre Fontainebleau et Nemours. Après la peinture, place au Moyen Âge avec **Grez-sur-Loing** la médiévale. On passera ensuite à **Villiers-sous-Grez** pour aller à **Larchant,** étape au Moyen Âge sur la route de Compostelle, dans le parc naturel régional du Gâtinais français. Poursuivre vers **Beaumont-du-Gâtinais** installé autour de son église du

XIIIe s dont les douves du chateau alimentées par le Fusain contribuent au charme de ce village rural. On arrive ensuite à **Château-Landon.** La cité médiévale et son abbatiale, perchées sur son promontoire rocheux, forment un bel ensemble, avec ses maisons anciennes, ses tours, ses jardins en terrasses... Voir encore le joli village de caractère de **Flagy** avec ses multiples ponts qui enjambe l'Orvanne. Et pour finir, dirigez-vous vers **Thomery.** Le petit village doit sa célébrité non seulement au peintre animalier Rosa Bonheur mais avant elle à sa production de Chasselas doré exporté autrefois dans toute l'Europe.

Gîte de la Tour, à Château-Landon

SI VOUS ÊTES…

Gourmand : à moins qu'elle ne vous monte au nez, goûtez d'abord la **moutarde de Meaux** et son non moins célèbre **brie**, sans oublier de boire une rasade de **cidre de Brie, à Coulommiers** par exemple. Vous en profiterez pour vous payer une tranche du fromage éponyme. Ensuite, direction **Provins** et ses douceurs (miel, confiture et autres spécialités à la rose de Provins) puis **Moret-Loing-et-Orvanne** et son **sucre d'orge,** le premier bonbon en France ! Encore une sucrerie ? À **Nemours,** essayez la **liqueur et les bonbons de coquelicot.** En remontant vers le nord, on se rafraîchit à **La Genevraye** avec une **bière artisanale,** pour enfin faire des provisions de **brie** à **Melun.**

Adepte de la vie au grand air : direction la **forêt de Fontainebleau,** 2e forêt domaniale de France. Ici, les randonneurs prennent leur pied, les cyclistes sont en roue libre et les amateurs d'équitation parient sur le bon cheval : 500 km de balades balisées et 1 000 km de routes forestières ! Et les grimpeurs s'accrochent aux parois des rochers ! Les amateurs d'eau descendront le **Loing** en bateau, depuis Nemours, par exemple, ou bien la **Marne** depuis Meaux entre autres bases de départ. Un excellent moyen d'observer la riche biodiversité des rives. Autre option : la **Scandibérique,** circuit à vélo de 60 km longeant le Loing et la Seine. Main dans la main avec le fleuve, on traverse là-encore des espaces naturels préservés. S'ils sont nombreux en Seine-et-Marne, on citera tout de même le **parc naturel de la Bassée,** au cœur de la vallée de Seine. Ses riches forêts alluviales cachent des trésors de tous poils et de toutes feuilles…

Si vous aimez la grande histoire de France et ses petites histoires, autant dire que les lieux ne manquent pas. On remontera le temps en commençant par la crypte mérovingienne de **Jouarre** du VIIe s avec ses beaux gisants. Puis, le Moyen Age avec **Provins,** ses remparts, et ses foires auxquels les spectacles du printemps redonnent vie avec brio. Également le château de **Brie-Comte-Robert** entouré de douves et encore **Blandy-les-Tours, sans oublier les magnifiques remparts de Château-Landon.**

Après ces visites, la société féodale et ses cités fortifiées n'auront plus de secrets pour vous. Place ensuite aux magnificences du Grand Siècle avec les 3 châteaux emblématiques de la Seine-et-Marne et tout d'abord **Fontainebleau,** où règne encore l'ombre de l'Empereur. Plus au nord, **Vaux-le-Vicomte** et ses jardins qui provoquera la chute de son propriétaire mais servira d'exemple à Versailles. Et n'oublions pas **Champs-sur-Marne** qui témoigne du raffinement et de l'art de vivre au XVIIIe s. Là encore on prendra le temps de se promener dans les splendides jardins à la française. Le XIXe s industriel est illustré par la chocolaterie Menier à **Noisiel,** exemple type d'un projet patronal paternaliste et ambitieux tant sur le plan architectural que sur le plan social.

Quelques années plus tard, le nord du territoire résonne du fracas de la

Grande Guerre. Ces années tragiques sont expliquées et remarquablement mises en scène au musée de la Grande Guerre à **Meaux.**

Si vous êtes en famille, avec des enfants, vous n'aurez que l'embarras du choix entre les **bases de loisirs** dont celle de **Buthiers** à l'ouest de Nemours, qui proposent toutes sortes d'activités sportives, hiver comme été. En été, vive la baignade et les sports nautiques ! Si vos bambins aiment les animaux, alors là bingo ! Selon leurs goûts et leur âge, direction le **parc zoologique d'Attilly** pour apprécier la diversité du monde animal ou s'ils préfèrent les félins ou les singes, toujours fascinants, direction les **parcs zoologiques de Lumigny.** Pour voir les animaux à plumes, il y a aussi **Parrot Word** plein de chants, de cris et de couleurs avec ses perroquets multicolores et ses flamants roses. Sans oublier les bébés guépards qui y sont nés ! Quant aux plus jeunes, ils apprécieront certainement le **parc Hi Han.**
S'ils sont sportifs ou s'ils aiment se dépenser, c'est l'accrobranche qu'il leur faut. AccroCamp à **Jablines** propose la plus grande tyrolienne d'Île-de-France. Il y a aussi Parcours Aventure à **Bailly-Romainvilliers** avec un parcours à 18 m de haut ou bien encore Adventures Park à **La Ferté-sous-Jouarre** avec un parcours pour les tout petits et enfin le parc Chichoune Accroforest à **Lésigny.** Enfin, il sera difficile de ne pas passer 1 ou 2 jours à **Disneyland Paris** qu'on ne présente plus !

Vue aérienne de la base de loisirs de Jablines

© GARDEL Bertrand / hemis.fr

Provins, ville classée patrimoine mondial de l'Unesco

© JF-Bénard / OT Provins

COMMENT Y ALLER

De nombreux moyens de transports s'offrent à vous pour aller en Seine-et-Marne.

EN RER

Depuis les stations du centre de Paris

➢ RER A vers Marne-la-Vallée – Chessy et la gare TGV interconnectée.

➢ RER E vers Chelles – Gournay et Tournan.

➢ RER D vers Melun.

Préparez votre itinéraire sur le site de la RATP : • *ratp.fr* •

EN TRANSILIEN

Depuis Paris – Gare de l'Est

Ligne P

➢ Crécy-la-Chapelle, Coulommiers, Provins ainsi que La Ferté-sous-Jouarre, en suivant la direction de Château-Thierry et Meaux, Lizy-sur-Ourcq et Crouy-sur-Ourcq, en prenant la direction de La Ferté-Milon.

Depuis Paris – Gare de Lyon

Ligne R

➢ Montereau via Melun, Bois-le-Roi, Fontainebleau-Avon, Thomery, Moret – Veneux-les-Sablons.

➢ Montereau via Livry-sur-Seine, Chartrettes, Fontaine-le-Port, Héricy, Vulaines-sur-Seine, Samoreau, Champagne-sur-Seine, Vernou-La Celle-sur-Seine, La Grande Paroisse.

➢ Montargis via Melun, Bois-le-Roi, Fontainebleau-Avon, Thomery, Moret – Veneux-les-Sablons, Montigny-sur-Loing, Bourron-Marlotte, Grez, Nemours – Saint-Pierre, Bagneaux-sur-Loing, Souppes-sur-Loing, Château-Landon.

Calculez votre itinéraire sur le site du Transilien : • *transilien.com* •

EN BUS

Le réseau de bus ***Seine-et-Marne Express*** vous permet de parcourir la Seine-et-Marne du nord au sud et d'est en ouest : • *sme.seine-et-marne.fr* •

EN VOITURE

La Seine-et-Marne possède un réseau routier très dense qui relie les différentes villes du nord au sud, d'ouest en est.

Les autoroutes

➢ Par l'A 104, depuis Charles-de-Gaule vers Mitry-Mory, Claye-Souilly, Torcy.

➢ Par l'A 4, depuis Paris vers le Nord Seine-et-Marne, Champs-sur-Marne, Serris, Meaux, La Ferté-sous-Jouarre.
➢ Par l'A 5, depuis Paris vers le Centre Seine-et-Marne, Lieusaint, Melun, Blandy, Montereau-Fault-Yonne.
➢ Par l'A 6, depuis Paris vers le Sud Seine-et-Marne, Fontainebleau, Nemours, Égreville.

Les nationales

➢ Par la N 330, depuis l'Oise vers le Nord Seine-et-Marne, Saint-Soupplets, Meaux.
➢ Par la N 2, depuis Paris vers le Nord Seine-et-Marne, Villepinte, Mitry-Mory, Thieux.
➢ Par la N 3, depuis Paris vers le Nord Seine-et-Marne, Villeparisis, Claye-Souilly, Meaux.
➢ Par la N 4, depuis Paris vers le centre Seine-et-Marne, Ozoir-la-Ferrière, Tournant-en-Brie, Rozay-en-Brie, Montceaux-lès-Provins.
➢ Par la N 36, du Nord Seine-et-Marne vers le Sud Seine-et-Marne, Coutevroult, Melun.

EN TRAIN

La première gare d'interconnexion TGV de France se trouve en Seine-et-Marne, à ***Marne-la-Vallée – Chessy.***
➢ Liaisons depuis Rennes, Nantes, Bordeaux, Montpellier, Marseille, Lyon, Strasbourg, Lille, Bruxelles et Amsterdam.
● *sncf-connect.fr* ●

À VÉLO

L'EuroVelo 3, plus connue sous le nom de ***Scandibérique*** dans sa partie française, traverse le nord et le sud de la Seine-et-Marne. 110 km du tracé parcourent le département, sur 2 tronçons :
– ***30 km au nord*** qui traversent le territoire entre l'Oise et la Seine-Saint-Denis, le long des vallées de la Biberonne et de la Beuvronne, puis du canal de l'Ourcq pour partir vers Paris.
– ***80 km au sud*** entre l'Essonne et le Loiret, qui suivent les bords de Seine puis longent le Loing.
Site internet dédié : ● *www.scandi77.com* ●

EN AVION

Les aéroports internationaux Paris – Roissy-Charles-de-Gaulle et Paris – Orly sont proches de la Seine-et-Marne.

✈ ***Roissy-Charles-de-Gaulle*** *(aérogares 1, 2 et 3)* **:** ☎ *39-50 (0,35 €/mn).* Informations touristiques aux points infos Paris.

✈ ***Orly 1-2-3-4 :*** ☎ *39-50 (0,35 €/mn).* À Orly 4, informations touristiques niveau « Arrivées » porte 48d ; à Orly 1-2, niveau « Arrivées » porte 14a.

■ ***Aéroports de Paris :*** ☎ *39-50 (0,35 €/mn).* ● *parisaeroport.fr* ●

DEPUIS LA BELGIQUE

En voiture, comptez 375 km via l'A 1, soit 4h30 environ.
En train, avec Thalys, Bruxelles-Paris – Gare de Marne-la-Vallée-Chessy, puis ce sera selon votre destination en Seine-et-Marne. ● *sncf-connect.fr* ●

SEINE-ET-MARNE UTILE

ABC de la Seine-et-Marne

- ***Superficie :*** 5 915 km².
- ***Population :*** 1 421 197 habitants.
- ***2 sites classés à l'UNESCO :*** le domaine de Fontainebleau et la cité médiévale de Provins.
- 9 bases de loisirs en plein air.
- 1 parc naturel régional.
- 22 espaces naturels sensibles et 6 Jardins remarquables.
- Près de 330 km de ***réseau navigable*** doté de nombreuses installations portuaires. Le réseau comprend : 1 fleuve (la Seine, 95 km), 2 rivières (la Marne, 88 km, et l'Yonne, 16 km), 2 canaux (le Loing, 53 km, et l'Ourcq, 110 km).

COMMENT SE DÉPLACER EN SEINE-ET-MARNE ?

– ***Seine-et-Marne Express*** est un réseau de 14 lignes de bus sur l'ensemble du territoire. Voir la carte du réseau sur • *seine-et-marne.fr* • ; rubrique Transports, Seine-et-Marne Express.
Dans le département, de nombreuses villes sont aussi desservies par les lignes de bus ***Transdev île-de-France*** • *me-deplacer.iledefrance-mobilites.fr* •

– ***Le Grand Paris Express (GPE)*** va connecter la Seine-et-Marne à la capitale. À l'horizon 2030, le futur métro automatique du Grand Paris comprendra de nouvelles gares dont ***4 en Seine-et-Marne : Chelles, Noisy-Champs, Le Mesnil-Amelot et Aéroport – Roissy-Charles-de-Gaulle.***
3 nouvelles lignes desserviront le territoire :
➢ ***Ligne 16 :*** en correspondance avec de nombreuses lignes de transport circulant en Seine-et-Marne (RER A, E, B, lignes Transilien), elle reliera Saint-Denis – Pleyel à Noisy-Champs en passant par Le Bourget (RER), dès 2023.
➢ ***Ligne 15 Sud :*** elle desservira 16 gares de Pont-de-Sèvres à Noisy-Champs. Mise en service prévue en 2025.
➢ ***Ligne 17 :*** elle desservira directement les départements de la Seine-Saint-Denis, du Val-d'Oise et de la Seine-et-Marne, et reliera Le Bourget au Mesnil-Amelot en passant par l'aéroport Roissy-Charles-de-Gaulle à l'horizon 2030.

– ***Ligne de bus nouvelle génération en site propre :*** après la mise en place du Tzen 1, qui relie Corbeil-Essonnes et Carré Sénart à Lieusaint depuis 2011, le Tzen 2 reliera Carré Sénart à Lieusaint à la gare de Melun.

LIVRES DE ROUTE

– ***Pour l'amour de Fontainebleau,*** d'Albertine Gentou. Éditions Magellan & Cie, 2019. Amoureuse du pays de Fontainebleau et de sa forêt, l'auteur évoque ce lieu stratégique de l'histoire.

- ***Fontainebleau – Forêt fantastique,*** de F. Micholau. Éditeur La Renaissance du Livre, 2000. Un beau livre avec des photos pour s'extasier devant le massif et ses merveilles.
- ***Fontainebleau – 100 ans d'escalade.*** Éditions du Mont-Blanc, 2017. Fontainebleau, forêt unique, sanctuaire des varappeux, méritait bien que l'on raconte son histoire et celle des générations de Bleausards formées à l'excellence du geste sur ses fabuleux rochers.
- ***111 lieux en Seine-et-Marne à découvrir,*** de Florence Hocheder. Éditions Emons, 2020.
- ***La Seine-et-Marne des écrivains,*** collectif. Éditions Alexandrines, 2015. La vie intime des grands hommes et femmes, de Balzac à Beckett... dont le département a été pour plus ou moins longtemps une terre d'élection.
- ***Rosa Bonheur, sa vie, son œuvre,*** d'Anna Klumpke. Éditions L'Harmattan, 2018. Des mémoires librement adaptées de cette femme d'exception.
- ***Femmes de Seine-et-Marne, d'hier et d'aujourd'hui.*** Éditions du Puits Fleuri, 2022. 125 portraits de femmes qui ont marqué le département.
- ***Gens et produits du terroir en Seine-et-Marne,*** de Jean-François Robinet. Éditions Daniel Briand, 1998. On y trouve aussi tous les fruits, les légumes et les produits de l'élevage et une mine d'adresses pour les gouter.

Polar

- ***Les roses noires de la Seine-et-Marne,*** de Pierre Lepère. Éditions La Différence. Crimes et suicides se succèdent à Crayencourt, une commune résidentielle de Seine-et-Marne.

Presse

- ***La République de Seine-et-Marne :*** hebdomadaire paraissant le lundi.
- ***Le Parisien :*** on consultera bien sûr l'édition 77.
- ***Le Pays briard :*** bi hebdomadaire dont le siège est à Coulommiers.
- ***La Marne :*** hebdomadaire paraissant le mercredi et couvrant le nord de la Seine-et-Marne.

SITES INTERNET ET INFOS UTILES

- ***seineetmarnevivreengrand.fr*** • Le site de l'agence Seine-et-Marne Attractivité. Très bien fait et facile d'utilisation avec de belles photos en prime pour tout savoir sur la Seine-et-Marne coté tourisme.
- ***seine-et-marne.fr*** • Le site du département sur lequel vous trouverez aussi des infos touristiques.
- ***iledefrance-nature.fr*** • Un site intéressant et très riche qui présente les espaces verts d'Île-de-France dans toutes leurs diversités et propose des idées de balades et d'animations dans la nature. N'hésitez pas à vous abonner pour recevoir le programme.
- ***gites-seine-et-marne.com*** • Un site d'autant plus utile qu'il y a peu d'hôtels dans certains coins du territoire, hormis des hôtels de chaine. Et puis c'est l'occasion de faire des rencontres et de vous faire conseiller par vos hôtes. ☎ *01-60-39-60-54 (lun-ven 9h-12h30 et 14h-17h30, 17h ven).*
- ***Balad'Nature*** • Une application du département pour choisir votre balade selon différents modes et dans la zone de votre choix.
- ***Balad'Pass*** • Une application exclusivement réservée aux Seine-et-Marnais qui permet d'obtenir des réductions sur les sites de loisirs et de visites du territoire.
- ***Bougeott*** • Une appli gratuite pour découvrir l'Île-de-France en se dépensant. Des suggestions d'itinéraires de marche ou de course en aller simple ou en boucle, en fonction de différents critères.

• ***Clés de Forêt*** • Une application de l'Office national des forêts (ONF) permettant de découvrir et d'identifier la faune et la flore des zones forestières françaises. L'application guide l'utilisateur dans le processus d'identification par étapes, en posant des questions sur ce qu'il observe. Elle propose ensuite de consulter la fiche des différentes espèces animales et végétales et d'obtenir des informations détaillées sur celles-ci.
• ***Cirkwi*** • Une application qui propose plus de 50 000 balades ou randonnées dans le monde, dont la Seine-et-Marne. Contenus embarqués donc possibilité de les utiliser sans connexion internet.

– ***Label Artisan du Tourisme en Seine-et-Marne :*** un label créé en 2022 pour identifier, valoriser et promouvoir le savoir-faire d'exception des artisans de Seine-et-Marne. Pour la première promotion, 33 artisans ont été labellisés dont, pour les métiers de bouche : Brasserie de Meaux, Brasserie du Pont du Coude à Dammartin-sur-Tigeaux, R&B Nassau Rhums à Jouarre, Le Comptoir de Claye à Claye-Souilly, Frédéric Cassel – Pâtisserie et boulangerie à Fontainebleau, Les Trois Chocolats à Lagny-sur-Marne, Des Lis Chocolat à Nemours, Macarons de Réau à Réau, Fromagerie Ganot à Jouarre, Fromagerie Loiseau à Achères-la-Forêt, Le Billot Boucherie à Fromont.
– ***Association des naturalistes de la vallée du Loing et du massif de Fontainebleau :*** *laboratoire de biologie végétale, route de la Tour-Denecourt, 77300 Fontainebleau. ☎ 01-64-22-61-17. • anvl.fr* • Fondée en 1913, l'association des naturalistes de la vallée du Loing et du massif de Fontainebleau (ANVL) a pour vocation de promouvoir le goût et l'étude des sciences naturelles en proposant de nombreuses sorties-découverte de la nature et en s'investissant dans la préservation du patrimoine naturel ; elle organise de nombreuses sorties gratuites et ouvertes à tous. Voir calendrier des sorties et des activités sur leur site.
– ***34 « Village de caractère de Seine-et-Marne »*** sont labélisés par le département depuis 2013 avec pour objectif de promouvoir des villages de moins de 3 500 habitants possédant une offre touristique et patrimoniale. Ils sont plus ou moins célèbres, mais ils ont en commun une histoire, du charme et un patrimoine. Les voici : Aulnoy, Barbizon, Beaumont du Gatinais, Blandy-les-Tours, Boissy-aux-Cailles, Boulancourt, Bourron-Marlotte, Carnetin, Château-Landon, Coupvray, Donnemarie-Dontilly, Doue, Égreville, Flagy, Grez-sur-Loing, Guérard, Larchant, Lesches, Maincy, Moisenay, Montceaux-lès-Meaux, Montigny-sur-Loing, Montmachoux, Noisy-sur-École, Saint-Augustin, Saint-Cyr-sur-Morin, Saint-Loup-de-Naud, Saint-Mammes, Samois-sur-Seine, Seine-Port, Thomery, Verdelot, Villeneuve-sur-Bellot, Villeneuve-le-Comte.

© BUGRAT Davit / hemis.fr

Samois-sur-Seine

HOMMES, CULTURE, ENVIRONNEMENT

ARCHITECTURE ET PATRIMOINE

Nous ne sommes pas les premiers à avoir été fascinés par les décors invraisemblables de la forêt de ***Fontainebleau*** : il y a 20 000 ans environ, Cro-Magnon passa par là et grava sur les rochers d'étranges motifs. Ses descendants du Mésolithique (- 8 000), les derniers chasseurs-cueilleurs, firent de même, au point que l'on compte ici plus de ***2 000 abris sous roche*** formant ***l'un des plus vastes ensembles rupestres d'Europe.*** Les hommes du Néolithique ont aussi laissé un héritage notable, surtout dans le sud du département, fait de menhirs, dolmens et autres mégalithes, aux noms délicieusement évocateurs de légendes : pierre des Moines, roche au Diable, pierre aux Aiguilles...

Histoires de fortifications

Au Bas-Empire romain, l'antique *Lantinum* – ***Meaux*** – s'entoure d'une enceinte puissante, dont il subsiste une belle portion visible le long du boulevard Jean-Rose. Les murs sont aisément reconnaissables à leur parement de petit appareil en moellons calcaires et à arases de briques rouges. Mais la grande cité forte du département, c'est bien sûr ***Provins,*** avec les remparts de sa ville haute flanqués de 22 tours du XIIIe s témoignant des conceptions architecturales militaires de l'époque. Les 2 portes de ville (Saint-Jean et de Jouy) sont remarquables par leur conception dite « à sas », où un assaillant pouvait se trouver bloqué entre deux herses et pilonné par les défenseurs. Notons que la tour dite « de César » est construite au XIIe s. sur un plan octogonal, rare en ce temps, au sommet d'une motte castrale du XIe s, à l'époque où la plupart des fortifications étaient réalisées en terre et en bois.

Dans les campagnes aussi, les grands seigneurs médiévaux essaimèrent des forteresses sur l'ensemble du territoire. Étonnant également, le donjon de ***Nemours*** (XIIe s) cantonné à ses angles de tourelles circulaires. Plutôt rare. Les restes encore lisibles de ***Brie-Comte-Robert*** attestent de l'influence des maîtres-maçons du roi Philippe Auguste en Île-de-France au début du XIIIe s. ***Blandy-les-Tours*** est caractéristique des grandes forteresses-palais de la fin du XIVe s, en pleine guerre de Cent Ans, avec sa grosse tour-résidence dans l'angle sud. Quant au ***château de Sigy,*** reconstruit au milieu du XVe s, il en impose par la largeur étonnante de ses douves.

« Pater Noster... »

Les hommes du Moyen Âge ne se sont pas contentés de bâtir des châteaux : dans une société guidée par la ferveur religieuse, ils ont aussi élevé maints édifices à la gloire de Dieu. Témoin le plus ancien de cette piété de nos aïeux, unique en France, la crypte de **Notre-Dame de Jouarre** remonte au VIIe s ! Quelques fleurons de l'architecture romane sont parvenus jusqu'à nous, à l'image de la petite ***église de Saint-Mammès,*** du chevet de celle de ***Marolles-en-Brie***, de la nef de ***Fleury-en-Bière,*** des Notre-Dame de ***Melun*** et de ***Château-Landon.*** Dans cette dernière commune, particulièrement riche, il faut voir aussi les vestiges de

l'abbaye Saint-Séverin, de Saint-André et la ***tour de Saint-Thugal.*** La priorale bénédictine de ***Saint-Loup-de-Naud*** enfin, à cheval sur le roman et le gothique, possède un portail encadré de statues-colonnes directement inspiré de la cathédrale de Chartres.
Nous sommes ici à mi-chemin entre l'abbatiale de Saint-Denis et la cathédrale de Sens, ces édifices mythiques où naquit ce que nous appelons « gothique ». Les anciens nommaient pour leur part ce nouvel art de bâtir « ***opus francigena », « art français*** », entendre par là de ***l'Île-de-France.*** On le retrouve donc présent avec ses 4 époques, primitive, classique, rayonnante et flamboyante. La cathédrale Saint-Étienne de ***Meaux,*** dont le chantier dura 350 ans, incarne à elle seule toutes les évolutions. Bien d'autres églises méritent une visite attentive, à l'image de Saint-Mathurin de ***Larchant***, étrange carcasse de pierre à la nef et au clocher ouverts aux 4 vents, au portail nord orné sur son tympan d'un Jugement dernier, et doté d'un chœur rappelant Notre-Dame de Paris. À cette liste appartiennent aussi les collégiales de ***Crécy-la-Chapelle*** et de ***Champeaux,*** Saint-Aspais de ***Melun,*** Saint-Jean-Baptiste de ***Nemours.*** Parfois même, nos religieux font... la guerre et leurs églises, leurs abbayes ou leurs établissements ruraux prennent quelque allure de forteresse : commanderies templière de ***Coulommiers*** ou hospitalière de ***Rampillon,*** prieuré de ***Saint-Loup-de-Naud.***

Au plaisir des puissants

Louis VII († 1180) aimait déjà séjourner à ***Fontainebleau*** pour s'adonner à la chasse, et Philippe IV le Bel y mourut en 1314. C'est François Ier qui le transforme en l'exceptionnel ***palais Renaissance*** que nous connaissons. Napoléon, qui le fera aussi aménager dans l'esprit de son temps, le qualifiant dans ses mémoires de « vraie demeure des rois ». Autre château à ne pas manquer, ***Vaux-le-Vicomte,*** érigé à l'aube du règne de Louis XIV par le surintendant des finances Nicolas Fouquet, est une merveille du classicisme français. Dans la même veine, mais un peu moins connu, le château de ***Champs-sur-Marne,*** avec son escalier d'honneur à superbe rampe en fer forgé, constitue l'archétype de la belle demeure de plaisance à l'aube du siècle des Lumières.

Et partout ailleurs...

Il existe aussi quantité de petits éléments patrimoniaux à découvrir au détour d'un sentier de rando, d'une véloroute comme la Scandibérique ou Melun-Fontainebleau : calvaires, oratoires ou lavoirs, tels ceux de ***Lorrez-le-Bocage,*** de ***Bransles,*** ou de ***Château-Landon,*** avec leur préau en bois. À ***Grez-sur-Loing***, vous franchirez la rivière éponyme sur un pont du XIIIe s toujours en service. Pour changer d'époque, n'oubliez-pas d'aller admirer la halle aux fromages de ***Coulommiers,*** annonçant en 1887 le triomphe prochain de l'Art nouveau. Quant au musée de l'Aviation de ***Melun-Villaroche,*** le hangar qui l'abrite est directement inspiré des réalisations de Gustave Eiffel et vaut le détour ne serait-ce que pour son architecture.

CUISINE ET PRODUITS DU TERROIR

La Seine-et-Marne, et plus particulièrement le territoire de la Brie, aux confins de l'Île-de-France et de la Champagne, est une véritable terre de Cocagne... Il suffit d'évoquer les ***grandes foires de Provins, les fromages, la moutarde*** et autres merveilles de gueule briardes, pour que les papilles s'affriolent... Autant de recettes venant du Moyen Âge et parvenues jusqu'à nous...

Les bries de Brie

Le département le plus grand d'Île-de-France compte aussi le plus grand nombre de fromages, cela méritait bien une ***route touristique des fromages de la Brie en Seine-et-Marne*** (toutes les infos à la Maison du Brie de Meaux). Ce périple fromager est l'occasion de découvrir qu'il n'existe pas un seul brie mais une quarantaine ! Tous au lait de vache à pâte molle et à croûte fleurie, mais chacun avec son terroir et son caractère. Les bries de ***Meaux, de Melun, de Coulommiers*** sont les plus connus, mais les bries de ***Montereau, de Provins*** ou de ***Nangis*** ont réussi eux aussi à se faire un nom...

LE FROMAGE DES ROIS LE ROI DES FROMAGES

On raconte que Charlemagne raffolait déjà du fromage de Brie. En effet, de passage dans la région, il lui en fut servi et il s'en régala au point de les qualifier de « mets les meilleurs qui se puissent trouver ». L'histoire ne dit pas de quel brie il s'agissait... La tradition en fit, pour les siècles suivants, un cadeau que les rois de France offraient à ceux qu'ils tenaient à remercier à la cour du Louvre comme à celle de Versailles.

Le brie de Melun, AOC depuis 1980 et AOP depuis 1992, est sans doute le plus ancien et serait l'ancêtre de tous les autres. Le ***brie de Meaux*** a lui aussi obtenu une AOC/AOP ; c'est le plus connu depuis qu'il fut surnommé le « roi des fromages et prince des desserts » lors d'un dîner organisé par Talleyrand en 1814. C'est aussi le plus grand en taille, avec un diamètre d'environ 36 cm et un poids moyen de 2,8 kg (nécessitant 25 litres de lait !). On l'aime pour ses arômes fruités, doux et subtils de crème, de beurre et de noisette. Plus clair que le brie de Melun, il est aussi moins salé. Il n'existe plus qu'un seul brie de Meaux fermier, celui produit par la famille Rothschild, avec son troupeau de 250 vaches au Domaine des 30 Arpents, à Favières et classé AOP depuis 2009. (Fermier signifie que le fromage est fabriqué avec le lait de leurs propres vaches). Les autres, sont produits en laiteries ou coopératives, mais toujours au lait cru. ***Le (brie de) Coulommiers*** n'étant pas protégé peut se retrouver pasteurisé dans de nombreux supermarchés, on lui préférera toujours la version fermière, en tout cas au lait cru. Cette petite virée briarde sera l'occasion de déguster les autres bries, à la production et à la notoriété plus confidentielles, mais non moins savoureux. La mode est également au ***brie noir*** ; affiné pendant un an, sa pâte, sèche et cassante, vire au marron foncé et son goût devient très prononcé.

Parmi les autres fromages produits localement, on peut citer le ***Fougerus*** (affiné sur des feuilles de fougères), le ***Chevru,*** le ***Vignelait,*** le ***Saint Siméon*** ou le ***Brillat-Savarin*** (originaire de Normandie mais aujourd'hui produit en Île-de-France, Bourgogne-Franche-Comté et dans le Grand Est, et protégé par une IGP), un « triple crème » rebaptisé en 1930 par le célèbre fromager Henri Androuët, en hommage au non moins célèbre gastronome Jean-Anthelme Brillat-Savarin.

Et comment ne pas citer le ***Fontainebleau,*** un fromage blanc fouetté et enrichi en crème fraîche... Si mousseux, si délicat qu'il remplace avantageusement la crème chantilly sur les fraises... Et si joli, dans son étamine et son petit pot...

Épices et condiments

Meaux est également réputée pour sa ***moutarde à gros grains,*** aussi rustique que fine et savoureuse, qui donne toute leur saveur à de nombreuses spécialités briardes. Une tradition ancestrale que la maison Pommery perpétue depuis le XVIIIe s et qu'elle décline aussi en parfums plus tendance. On la reconnait aisément à son pot en grès, fermé par un bouchon de liège cacheté.

Le ***safran du Gâtinais*** est un autre trésor cultivé en Seine-et-Marne. Et l'on produit aussi localement d'excellents ***vinaigres,*** à base de cidre ou de vin.

Douceurs et desserts

Les becs sucrés seront eux aussi comblés, de nombreuses villes voyant leur nom associé à une confiserie, une sucrerie, à l'instar de ***Provins*** spécialisée depuis le Moyen Âge dans le commerce et la transformation de la ***rose,*** et de ***Nemours*** dans ceux du ***coquelicot.*** D'abord cultivée pour ses vertus médicinales, la rose parfume aujourd'hui pâtes de fruit, confitures, bonbons, miels, chocolats, liqueurs, etc. Depuis, il convient de rajouter les Pavés de Lagny ou de Meaux, les Cailloux de Montereau, les chocolats de Chelles, de Lagny ou de Dammarie-les-Lys, les Melunettes de Melun, les Mauresses et la bûchette du Loing de Moret, les macarons fondants de Réau. Parmi les pâtisseries les plus anciennes, les plus traditionnelles, il faut citer le ***sablé briard de Mormant*** (un biscuit sec à la pomme et au cidre) et la ***niflette de Provins,*** une petite pâte feuilletée garnie de crème pâtissière dégustée à la Toussaint (et autrefois offerte aux orphelins en leur disant « *Ne flete* »... ne pleure pas). On n'oubliera pas non plus à Noël, de faire le plein de ***sucre d'orge à Moret-sur-Loing.***
Signalons, que l'on produit également en Brie, territoire limitrophe du Gâtinais, un excellent ***miel***...

À boire !

On pourra arroser le tout d'une gorgée de ***cidre*** puisque c'est aussi une production régionale, sachant que la variété de pomme de la Brie est plus spécifiquement la ***pomme Mauperthuis.*** Coté vin pétillant, ***3 villages bénéficie de l'appellation champagne,*** et enfin pour les vins tranquilles, saluons la renaissance du ***vignoble d'Île-de-France*** qui a obtenu une ***IGP en 2020*** après des années d'efforts. L'appellation définit aussi 5 dénominations dont celle de Provins, de Chelles et celle de Guérard pour la Seine-et-Marne.
Coté jus de fruits, goutez au pétillant de rhubarbe et au jus de pomme.

ENVIRONNEMENT

Les milliers d'hectares de forêts, les spécificités des sols, les champs ouverts, les mares ou étangs et les nombreux cours d'eau favorisent la multiplication des biotopes, avec à la clef une ***richesse écologique*** conséquente. En témoignent l'existence de ***264 zones naturelles d'intérêt écologique, faunistique et floristique*** (ZNIEFF), de ***22 espaces naturels sensibles*** (ENS), de ***18 sites*** appartenant au ***réseau Natura 2000, d'un parc naturel régional (PNR)*** et même d'une ***réserve de biosphère reconnue par l'Unesco.*** Une pluie de labels, de distinctions et de classements qui attestent de l'intérêt des écosystèmes locaux.

Le PNR (parc national régional) du Gâtinais français

À cheval sur 2 départements, il concerne 33 communes du sud-ouest de la Seine-et-Marne, notamment ***Larchant*** et ***La Chapelle-la-Reine.*** Surnommé « pays des mille clairières et du grès », il inclut une partie du ***bois de la Commanderie,*** où l'on trouve l'énigmatique rocher de la Dame-Jouanne, ainsi que la ***forêt des Trois Pignons,*** appartenant au massif de Fontainebleau. Celle-ci est réputée pour ses rochers aux formes évocatrices, tel « l'Éléphant », et sa mer de sable du Cul-du-chien, avec perdue en son cœur la protubérance gréseuse baptisée « le Bilboquet ».

Bientôt un nouveau PNR ?

Paris est entouré de parcs naturels régionaux au nord, à l'ouest et au sud. Seul le flanc oriental est dégarni à ce jour, mais cela pourrait changer prochainement. Initié dès 2005, un ***projet de PNR de la Brie et des Deux Morin*** est actuellement à l'étude. Compris, pour simplifier, dans un triangle Crécy-la-Chapelle, La Ferté-Gaucher, La Ferté-sous-Jouarre, il serait le 5e du genre en Île-de-France. • *www.pnrbrie2morin.fr* •

Les espaces naturels sensibles (ENS)

Nous n'allons pas dresser ici leur inventaire exhaustif, mais donner une idée de leur diversité. La plupart des sites sont aménagés pour permettre de les découvrir sans impacter l'environnement, grâce à des ***itinéraires balisés*** ponctués de panneaux didactiques, mais aussi parfois des plateformes d'observation de la faune. Ainsi la ***butte de Montassis*** (164 m), coiffée d'une ancienne colonne géodésique, est caractéristique des paysages des collines de Goële. Côté zones humides, citons les ***marais d'Épisy*** ou ***de Cercanceaux,*** avec leur lot d'étangs, de prairies humides, de roselières, de marais tourbeux ou de bosquets. Ici poussent la fougère des marais, la jolie orchis négligée ou le pissenlit des marais, et vivent la pie-grièche écorcheur, la rousserolle effarvatte, quantité de papillons rares et autres batraciens. Quant à la ***frayère des marais, à Crécy-la-Chapelle,*** elle sert en période de crue hivernale du Grand Morin à la reproduction du brochet. Les rives des multiples cours d'eau favorisent aussi certaines variétés de biotopes, comme les ***prairies humides Clemenceau*** (Moret-Loing-et-Orvanne) ***et Malécot*** (Boissise-le-Roi), ou encore le ***Carreau-Franc*** (Marolles-sur-Seine), étape essentielle pour les oiseaux sur leurs voies migratoires. Dans un département où la forêt est très présente, plusieurs bois figurent également au nombre des ENS : ***bois de La Rochette, de la Doue*** (Jouarre), ***de la Bergette*** (La Ferté-sous-Jouarre)... Liste complète des ENS : • *www.seine-et-marne.fr/fr/annuaire-des-espaces-naturels-sensibles* •

On vous conseille aussi les ENS suivants aménagés pour le grand public :

- Domaine Raymond Sachot à Saint-Fargeau-Ponthierry
- Vallée du Nébourg à Villeneuve-sur-Bellot
- Platière de Meun à Achère la Forêt
- La vallée du Fusain à Château-Landon
- La prairie de Glandelles à La Madeleine-sur-Loing
- Les bois des Campouais, de Pincevent et du Rocheton – La Rochette

Et l'Unesco dans tout ça ?

La prestigieuse organisation internationale n'a pas résisté au(x) charme(s) de la forêt de Fontainebleau, comme avant elle les Millet, Corot, Daubigny ou Rousseau, ces peintres qui avaient élu domicile à Barbizon. À leur demande d'ailleurs, Napoléon III créa, dès 1861, la 1re zone protégée de France, sur 1 000 ha, en raison de leur valeur artistique. Depuis 1998, l'Unesco a reconnu ***Fontainebleau et Gâtinais*** comme « ***réserve de biosphère*** ». À l'origine, seule la forêt était ainsi protégée, mais la zone s'est étendue à plus de 150 000 ha en 2010. L'Unesco rapporte que « les sols dans l'aire de la forêt sont hautement variés, ce qui explique la grande diversité des végétaux, quand plus de 5 800 espèces ont été identifiées à ce jour ». Les botanistes experts rechercheront sans doute la bruyère quaternée et les entomologistes la mante religieuse. Mais la plupart des promeneurs, pour peu qu'ils soient discrets, seront ravis de croiser une harde de biche dans un rayon de soleil crépusculaire, ou d'entendre le brame du cerf à l'approche de l'automne. Simplement magique ! • *biosphere-fontainebleau-gatinais.fr* •

GÉOGRAPHIE

Avec 5 915 km², la Seine-et-Marne est de loin le plus grand département d'Île-de-France et représente presque la moitié de la superficie de celle-ci. Sa densité de population de 241 ha/km², contre 1 010 dans l'ensemble de la région, permet le maintien de ***vastes zones cultivables, mais aussi de grandes étendues forestières.***

Mélodie – géologique – en sous-sol

Dessinée à la Révolution, située au cœur du Bassin parisien, la Seine-et-Marne s'étend principalement sur une partie de l'ancien comté de Gâtinais (Fontainebleau, Nemours, Château-Landon) et comprend l'essentiel de la Brie. Le sous-sol est en majorité composé de ***marnes et de calcaires :*** au nord de Meaux s'élèvent les collines de Goële, un ensemble de buttes, témoins abandonnés par l'érosion à l'extrémité du plateau du Multien ; à l'ouest, en Brie française (Brie-Comte-Robert, Melun, Montereau), ils sont recouverts d'une épaisse couche de loess, idéale pour les grandes cultures, céréales en tête ; à l'est en revanche, en Brie champenoise (Meaux, Provins), ils affleurent davantage à la surface et les terres sont moins fertiles. Notons la présence de quelques curiosités géologiques, comme les ***sables et grès du secteur de Fontainebleau,*** héritages d'un temps où une mer s'étendait ici.

Histoires d'eau

Le département se trouve dans le bassin versant de la Seine, tous ses cours d'eau filant rejoindre le fleuve à un endroit ou à un autre. Ceux-ci dessinent les tentacules d'un gigantesque labyrinthe liquide circulant à travers plaines ouvertes, vallées de faible profondeur ou étendues boisées. Outre la ***Seine*** donc, citons ***l'Yonne, la Marne*** et une kyrielle de rivières de moindre importance, comme ***le Loing, le Petit et le Grand Morin, l'Ourcq***... Les hommes ont complété l'œuvre de la nature, creusant au XVIIIe s le ***canal du Loing*** pour relier les bassins de la Seine et de la Loire, et le ***canal de l'Ourcq*** (XIXe s), afin de mieux alimenter Paris en eau potable.

Un département forestier

Actuellement, environ 25 % de la superficie de la Seine-et-Marne sont boisés, pour un total de près de 145 000 ha « chevelus », formant un maillon important de la « ***ceinture verte*** » de l'Île-de-France. Quelques belles randos en perspective ! Parmi les forêts partiellement ou totalement sous statut domanial, citons ***Sénart*** (partagée avec l'Essonne), ***Armainvilliers*** (1 523 ha), ***Villefermoy*** (2 641 ha) ou ***Malvoisine*** (littéralement « Mauvaise Voisine », quel nom ! – 909 ha), toutes majoritairement peuplées de chênes pédonculés ou sessiles. Autant de futaies où nos Louis, Philippe et autres François, ces souverains de naguère, aimaient chasser le cerf ou le sanglier, loin des pesanteurs de la capitale. Le massif de ***Fontainebleau*** (22 000 ha) mérite à lui seul le voyage, pour son château éponyme d'abord, mais aussi pour ses rochers

SEINE OU YONNE ?

Certains géographes se posent la question : est-ce l'Yonne ou la Seine qui coule à Paris ? En effet, à leur confluence de Montereau-Fault-Yonne, le débit moyen de la première est de 93 m³ seconde, quand celui de la deuxième n'est que de 80 m³/s. Avouons que le poème d'Apollinaire serait nettement moins beau : « Sous le pont Mirabeau coule... l'Yonne... » Bof...

prisés des fans d'escalade, ses portions de lande, ses arbres remarquables et ses paysages qu'appréciaient tant les peintres de l'école de Barbizon.

HISTOIRE

L'actuel département de Seine-et-Marne entre pour l'essentiel dans les limites du territoire des Meldi, le peuple celte qui occupait ce secteur il y a 2 000 ans. La ville de ***Meaux,*** l'antique *Lantinum*, leur doit son nom moderne. Le 1er évêque dûment attesté, un certain Médovée, assiste aux conciles d'Orléans de 549 et de Paris en 555. Le plus célèbre occupant du siège épiscopal sera Jacques-Bénigne ***Bossuet*** (1681-1704), orateur et écrivain de grand talent, membre de l'Académie française.

Lumineux Moyen Âge

Les ***comtes de Champagne,*** à commencer par Henri Ier le Libéral (1152-1181), vont assurer la prospérité de leur principauté grâce à la création d'une série de ***foires***. ***Provins*** en organise deux, celle de la Saint-Quiriace, en mai-juin, celle de la Saint-Ayoul, en septembre-octobre, qui attirent des marchands de toute l'Europe. Ici s'échangent produits du sud, vins du Languedoc, de la vallée du Rhône ou d'Italie, épices importées d'Asie transitant par le port de Venise, contre draperies fabriquées au nord, en Flandre essentiellement. Tout est mis en œuvre pour accueillir les commerçants comme il se doit : halles, capacités d'hébergement, entrepôts... La sécurité des voyageurs est garantie par le « conduit des foires », permettant d'en appeler à la justice, du comte de Champagne d'abord, du roi de France plus tard, en cas de vol ou d'agression sur la route, voire de litige avec un vendeur/acheteur douteux. Ces foires atteignent leur apogée au XIIIe s et entament leur déclin au début du siècle suivant.

Faire « rendre gorge à tous ces gens-là »

Nicolas Fouquet, surintendant des finances de Louis XIV, est persuadé de son invulnérabilité et de sa toute puissance. Il a tort... Dans l'ombre, Colbert intrigue contre lui et a convaincu le souverain de le faire tomber. Inconscient du péril, le 17 août 1661, Fouquet donne une somptueuse réception pour 3 000 invités en son ***château de Vaux,*** à laquelle il a convié le roi. Tout n'est qu'éblouissements, la demeure, les jardins, le repas, la pièce de Molière... Jaloux, Louis aurait déclaré à sa mère sur la route du retour : « Ah ! Madame, est-ce que nous ne ferons pas rendre gorge à tous ces gens-là ? ». Le 5 septembre suivant, Fouquet est arrêté ; il passera le restant de ses jours enfermés. Son souverain bien-aimé lui piquera tout : son château, Molière, l'architecte Le Vau, le peintre Le Brun, le jardinier Le Nôtre... Autant de noms que l'on retrouvera plus tard du côté de... Versailles !

Des adieux déchirants

La Seine-et-Marne, plus spécialement le château de ***Fontainebleau,*** est le théâtre d'un autre épisode fameux de l'Histoire. Au début du printemps 1814, la France est un pays vaincu par toutes les puissances européennes coalisées, et son chef, ***Napoléon Ier,*** n'a d'autre choix que d'abdiquer. Sur un guéridon du château de Fontainebleau – toujours conservé –, il signe son renoncement au trône le 6 avril. Le 20, il passe en revue ses grognards dans la cour du Cheval-Blanc et prononce ces mots, passés à la postérité : « Soldats de ma vieille garde, je vous fais mes adieux. » On connaît la suite : île d'Elbe, retour de l'Aigle, Cents Jours, Waterloo et fin de l'épopée à Sainte-Hélène.

L'offensive de 1914

Un siècle plus tard, le pays est de nouveau en guerre, contre l'Allemagne cette fois. Les Français se replient depuis la perte de la bataille des Frontières. Le 5 septembre 1914, les forces d'invasion atteignent leur point d'avancée maximum, sur le Grand Morin, approximativement le long d'une ***ligne Meaux-Crécy-Coulommiers-La Ferté-Gaucher.*** Le même jour, le lieutenant Charles Péguy, du 276e régiment d'infanterie, est « tué à l'ennemi » ; un monument marque l'emplacement à Villeroy. C'est aussi le début de la ***1re bataille de la Marne***, quand le général prussien von Kluck décide imprudemment d'orienter sa 1re armée vers Paris, créant une faiblesse dans le dispositif allemand. Le lendemain, la 6e armée du général Manoury lance une contre-offensive sur son flanc ouest, dans le secteur Lizy et du canal de l'Ourcq (bataille de l'Ourcq, du 5 au 10 septembre). Les combats sont acharnés, mais l'adversaire est finalement contraint à se replier.
Outre son architecture contemporaine des plus intéressantes, c'est tout cela, et bien plus encore, que raconte le ***musée de la Grande Guerre de Meaux*** : légendaires taxis de la Marne, voie sacrée de Verdun, combats aériens, vie dans les tranchées... À voir absolument ! Disséminés dans les campagnes, stèles, cimetières et autres monuments rappellent les sacrifices consentis en ces lieux.

ÉCONOMIE

La Seine-et-Marne peut de nos jours compter sur ses atouts touristiques, à commencer par les ***parcs Disneyland et Walt Disney Studios.*** On y trouve aussi quelques beaux fleurons industriels français, telle l'entreprise ***Titeflex,*** à Ozoir-la-Ferrière, leader mondial dans les produits et solutions de gestion de fluides pour l'aéronautique ainsi que ***Safran.*** Le groupe ***Wiame VRD,*** basé à La Ferté-sous-Jouarre, est pour sa part spécialisé dans les travaux routiers, les aménagements urbains, l'assainissement... Depuis juin 2021, la célèbre marque ***Hermès*** a ouvert un atelier de maroquinerie à Montereau. Autre pépite, gastronomique celle-ci, la fromagerie ***Loiseau,*** désormais centenaire, est la dernière à fournir en brie de Melun. Sachez enfin que l'usine ***Bic*** de Montévrain produit chaque jour 200 000 stylos 4 couleurs, cet indémodable des trousses d'écoliers – de profs et même des collaborateurs du *Routard* – depuis 50 ans.

SPORTS ET LOISIRS

9 bases de loisirs installées en Seine-et-Marne permettent de pratiquer de nombreuses activités récréatives ou plus sportives en plein air comme le golf, l'escalade, le VTT, l'équitation, la voile, le surf, le tir à l'arc et plein d'autres encore... On vous conseille de consulter le site de chacune des bases pour connaitre leurs horaires et les activités qu'elles proposent. Possibilités d'hébergements dans certaines d'entre elles.

– ***Bois-le-Roi :*** *rue de Tournezy, 77590* ***Bois-le-Roi.*** • *bois-le-roi.iledeloisirs.fr* • Nombreux loisirs entre Seine et forêt dont un golf et un centre équestre. Également un centre d'hébergement (170 lits), un camping et des roulottes à louer pour 3 personnes.

– ***Jablines-Annet :*** *77450* ***Jablines.*** • *www.baseloisirs-jablines-annet.fr* • La plus belle plage d'Île-de-France dotée d'un plan d'eau de 75ha pour pratiquer diverses activités nautiques. Camping attenant.

– ***Saint-Fargeau-Ponthierry :*** *av. du Docteur-Max-Pierrou, 77310* ***Saint-Fargeau-Ponthierry.*** • *cdc-seine-ecole.fr* • Un espace de détente en pleine nature avec 3 plans d'eau dont 1 réservé à la pêche.
– ***Souppes-sur-Loing :*** *40, rue de Varennes, 77460* ***Souppes-sur-Loing.*** • *tourisme-souppes.fr* • Dans la vallée du Loing, sa plage est labellisé « Pavillon bleu ».
– ***Vaires-sur-Marne / Torcy :*** *2 sites : Route de Lagny, 77220 Torcy et Route de Torcy, 77360* ***Vaires-sur-Marne.*** • *vaires-torcy.iledeloisirs.fr* • Au cœur de la ville nouvelle de Marne-la-Vallée. Elle sera la base nautique olympique lors des prochains JO en 2024. Golf à 9 trous.
– ***Buthiers :*** *73, rue des Roches, 77760* ***Buthiers.*** • *base-de-buthiers.com* • Pour des escapades nature en forêt et profiter d'une grande piscine découverte chauffée avec des toboggans.
– ***La Grande Paroisse :*** *La Noue-Notre-Dame, 77310* ***La Grande-Paroisse.*** • *mairie-la-grande-paroisse.fr* • Un spot idéal pour les véliplanchistes grâce à son excellente exposition au vent. Également des circuits pédestres avec des aires de pique-nique et des zones réservées à la pêche ainsi que des circuits VTT.
– ***Varennes-sur-Seine :*** *chemin des Aunettes, 77130* ***Varennes-sur-Seine.*** Activités familiales sur une base au bord de la Seine.

À pied

Avec 4 700 km de chemins de randonnées, 250 PR (petites randonnées), 1 221 km de GR (grandes randonnées) et GRP (grandes randonnées de pays) labellisés et balisés, ***le plus vaste et le plus vert des départements d'Île-de-France*** offre un vaste choix de balades et une grande variété de paysages. À vous de choisir votre terrain selon votre niveau, le temps dont vous disposez et vos envies. On vous en indique quelques-unes au long de ce guide. Voir aussi la rubrique « Sites internet et infos utiles » p. 31.
– ***L'application Balad'Nature :*** elle permet de découvrir une trentaine de circuits touristiques alliant nature et patrimoine au cœur de la Seine-et-Marne. Le tracé de géo-guidage en temps réel indique les points d'intérêts touristiques et les services à proximité (offices de tourisme, hébergements et restaurants). Application disponible sur Google Play et AppStore.
– ***Topoguides :***
Les sentiers d'Émilie, Seine-et-Marne. Éditions Glénat. 25 itinéraires faciles et accessibles à tous de 1h20 à 2h45.
La Seine-et-Marne à pied, 60 promenades et randonnées. FFRP, 2015.
22 balades en forêt de Fontainebleau, de Jean Pierre Hervé et Patrick Mérienne. Éditions Ouest France, 2019.

À vélo

104 itinéraires identifiés et cartographiés dans tout le département permettent un bon maillage du territoire à travers 4 400 km de routes départementales bénéficiant d'aménagements cyclables mais aussi le long des canaux et des fleuves.
La portion du Sud Seine-et-Marne de la ***Scandibérique*** en provenance de l'Essonne permet la découverte à vélo d'une vallée étonnante sur près de 60 km. On vous en reparle plus loin.

Sur l'eau

Avec son réseau de voies navigables, le territoire offre de nombreuses possibilités de le découvrir au fil de l'eau, en croisière ou bien individuellement en bateau électrique ou tout simplement en ramant.

– ***En croisière :*** vedette panoramique reliant Montcourt à Nemours. ● *vedette.le.zia.pages perso-orange.fr* ●
– ● *melunvaldeseine-tourisme.com* ● Aux beaux jours rien de tel qu'une croisière sur la Seine pour admirer les paysages et les majestueuses villas du XIXe s. Également des croisières thématiques.
– ***« Rives En Rêves » à La Ferté-sous-Jouarre :*** propose des croisières fluviales sur mesure le long de la Marne ou de la Seine avec la possibilité de passer des nuits à bord.
– Quelques coups de pagaies pour découvrir la charmante rivière du Loing avec ● *apikopa.fr* ●

Golf à gogo

Avec pas moins de 15 golfs, il n'y a que l'embarras du choix pour les amateurs de swing.
Voici ceux accessibles sans être membre où il vous suffira de vous acquitter d'un *green-fee,* pour jouer.

■ ***Golf de Vaires-Torcy :*** *route de Lagny, 77200* ***Torcy.*** *☎ 01-60-20-02-04.* ● *vaires-torcy.iledeloisirs.fr/espaces/golf* ● *Ouv tte l'année.* Parcours de 3, 9 et 18 trous.
■ ***Golf de Bois-le-Roi :*** *rue de Tournezy, 77200* ***Bois-le-Roi.*** *☎ 01-64-81-33-31. Ouv tte l'année.* 9 trous et un practice sur eau de 20 postes dont 18 couverts. Bar et restauration rapide au club-house.
■ ***Crécy Golf Club :*** *route de Guérard, 77580* ***Crécy-la-Chapelle.*** *☎ 01-64-75-34-44.* ● *domainedecrecy.com* ● Golf 9 et 18 trous dans un domaine avec des hébergements tout confort et un restaurant avec terrasse, ***Le Panoramic*** *(☎ 01-64-75-34-62, formules midi lun-ven 17-26 €, brunch dim midi),* le tout aménagé dans une ancienne ferme du XVIIe s. École de golf. Également une grande piscine découverte. Juste à côté de Parrot World.
■ ***Golf de Lésigny-Réveillon :*** *Ferme des Hyverneaux, 77150* ***Lésigny.*** *☎ 01-60-02-17-33.* ● *golflesigny.com* ● 9 et 18 trous entretenus dans une démarche éco-responsable. ***Restaurant le Tee Time :*** *le midi formule 23 € et menu 28 €, plus carte.*
■ ***Golf de Fontainebleau :*** *route d'Orléans, 77300* ***Fontainebleau.*** *☎ 01-64-22-22-95.* ● *golfdefontainebleau.org* ● Un très beau et très chic golf de 18 trous sur un sol sablonneux, l'un des plus anciens de France (1909). Son club-house, de style normand, est décoré de trois fresques, œuvre de Paul Tavernier, peintre de l'école de Barbizon.
■ ***Golf de Meaux- Boutigny :*** *77470* ***Boutigny.*** *☎ 01-60-25-63-98. Tlj, tte l'année, sauf entre Noël et jour de l'an.* Parcours 9 et 18 trous. ***Restaurant Le Barrois :*** *ouv tlj le midi. ☎ 01-60-25-72-00. Formules 24-30 €, Plat du jour 17 €,* dans une grande salle cathédrale.

Escalade

Des milliers de blocs de grès à grimper

Ne vous étonnez pas de croiser dans la ***forêt de Fontainbleau*** des randonneurs avec de gros matelas sur le dos. Non, ce n'est pas pour faire la sieste ! Il s'agit de grimpeurs équipés de leur crash pad qui cherchent leur prochain bloc pour grimper. Car la forêt de Fontainbleau avec ses rochers est un site réputé auprès des Bleausards et une référence mondiale pour les grimpeurs internationaux qui viennent y valider leur niveau. De taille modeste, leur hauteur peut dépasser une dizaine de mètres comme ***« La Dame Jouanne »*** haute de 15 m près du village de Larchant. Le grès qui forme les rochers de Fontainebleau est fait de sable déposé il y a bien longtemps lorsque la mer était présente en cet endroit (on vous laisse imaginer) puis fut aggloméré par un ciment naturel.

École du geste du grimpeur

Dès le début du XIXe s des cohortes d'alpinistes trouvèrent sur les rochers de Fontainebleau un terrain d'entrainement idéal pour se préparer physiquement aux grandes ascensions alpines, dotés de chaussures de cuir à semelles cloutées ou d'espadrilles à semelle de corde, puis des chaussures à semelles lisses en caoutchouc imaginées par Pierre Allain, célèbre alpiniste, membre en 1936 de l'expédition française au Hidden Peak dans l'Himalaya. Depuis cette époque pionnière, ***l'escalade de bloc*** est devenue une discipline sportive à part entière.

Des circuits d'escalade tous niveaux

Une des particularités de « Bleau » tient aux nombreux circuits d'escalade balisés par des flèches de couleur, ils permettent aux grimpeurs de parcourir, de bloc en bloc, des passages d'escalade de difficulté homogène. Les couleurs utilisées correspondent à une échelle de difficulté croissante : blanche – enfants, jaune – peu difficile, orange – assez difficile, bleue – difficile, rouge – très difficile, noire ou blanche – extrêmement difficile.

Un sport de plein air accessible à tous

Grimper à « Bleau » est peu coûteux, il suffit d'une paire de chausson d'escalade et d'un petit tapis pour nettoyer les semelles afin d'améliorer l'adhérence et diminuer l'érosion des rochers de grès. Pour une pratique plus régulière, un « crash pad », matelas de réception des chutes et un « Pof », colophane contenue dans un chiffon pour favoriser l'adhérence des chaussons sur le grès, seront utiles. Avec la carte « Forêt de Fontainebleau » éditée par l'IGN et d'un topo-guide vendu en librairie spécialisée, on peut choisir très facilement un site d'escalade selon ses ambitions. Le site de ***« La Canche aux Merciers »*** dans le « Massif des Trois Pignons », est recommandé pour une première découverte. S'adonner à l'escalade en forêt de Fontainebleau, seul, entre amis, en famille et accompagné d'un pique-nique, avec la vigilance que nécessite un sport en pleine nature, c'est la garantie d'un grand bol d'air dans un environnement privilégié à respecter.

On pourra aussi se rendre à la base de ***Buthiers*** pour s'entrainer sur son mur d'escalade qui permet de faire de l'*outdoor* et de l'*indoor*.

• *lepetitbleausard.fr* • un site web destiné à faire connaître les principaux circuits d'escalade de la forêt de Fontainebleau à ceux qui la découvrent et qui privilégient la grimpe sur circuit fléché au travail sur bloc spécifique.

À cheval

Le Comité départemental d'équitation de Seine-et-Marne développe l'équitation pour tous les publics et les activités équestres sur tout le territoire. Renseignez-vous sur leur site pour trouver un club organisant des balades. • *cde77.ffe.com* •

■ ***Avoine Et Picotin :*** *à* ***Poligny.*** • *avoineetpicotin.business.site* • Promenades et randonnées à cheval dans le massif forestier de Fontainebleau.

■ ***L'ânerie Bacotte :*** *à* ***Bois-le-Roi.*** • *anerie-bacotte.fr* • Michel Brun propose des randonnées avec des ânes bâtés. Sympa avec des enfants.

■ ***Le Grand Parquet :*** *RN 152, Route d'Orléans, 77300* ***Fontainebleau.*** ☎ *01-64-23-42-87.* • *grandparquet.com* • Autrefois lieu de chasse des rois, cet espace est devenu au fil du temps un site entièrement dédié aux évènements équestres en pleine nature avec un hippodrome et de nombreux équipements.

■ **BO Ranch** : *6 route d'Achères, 77760* ***La Chapelle La Reine.*** *☎ 01-60-57-05-54 et 07-68-81-73-07. • bo-ranch.com •* Un grand ranch pour la pratique et les compétitions internationales d'équitation de dressage western. Voir le programme des évènements et des compétitions sur le site. Également un resto-bar.

– Possibilité de pratiquer l'équitation à la base de ***Loisirs de Jablines-Annet*** ainsi qu'à celle de ***Bois-le-Roi*** et de ***Vaires-Torcy.***

Dans les airs

Pas moins de 9 aérodromes de tourisme dans le département. C'est le moment de vous envoyer en l'air ! Une majorité d'aéro-clubs proposent des baptêmes de l'air, sauts en parachute et autres activités de loisirs liées à l'aviation légère.

– Pour les plus écolos de nos lecteurs, sachez que l'***Association Aéronautique de Coulommiers Meaux – AACM*** propose des ***vols d'initiation en planeur*** en fonction de la météo, chaque samedi, dimanche et mercredi ainsi tous les jours pendant les vacances scolaires de mars à octobre. *Pour env 30 mn de vol, comptez 100 €. • planeur-aacm.net •*

– ***Mongolfières :*** possibilité de survoler la vallée du Loing ou la région de Fontainbleau, bien entendu en fonction de la météo. Un moment magique à partir de 200 € par personne. *• funbooker.com •*

– ***Fais comme l'oiseau :*** avec ***Anti-Gravity*** et son simulateur de chute libre équipé de puissantes souffleries installé sur la zone aéronautique de Paris-Villaroche. *Bât. 9, Villaroche Nord, aérodrome de Melun-Villaroche, 77550* ***Limoges-Fourches.*** *☎ 07-68-86-11-00. • anti-gravity.fr • Baptême adulte à partir de 55 €, initiation 95 €, réduc enfant.*

© ESCUDERO Patrick / hemis.fr

Moret-sur-Loing

MEAUX, MARNE ET OURCQ

Au nord du département, Meaux et la Haute-Brie champenoise se découvre tantôt en suivant des routes découpant de vastes champs de betteraves, maïs ou blé, tantôt en traversant des paysages plus boisés. La Marne arrose cette région agricole peu vallonnée tandis que le canal de l'Ourcq et ses berges promettent de belles balades aux randonneurs et aux cyclistes. On se souviendra aussi que la Grande Guerre a marqué le territoire aux avants-postes de la défense de Paris.

MEAUX (77100) 55 461 hab.

Ancienne capitale de la Brie des Comtes de Champagne, Meaux s'est établie sur un méandre de la Marne et s'est développée autour de sa cathédrale. Longtemps un marché en denrées essentielles pour alimenter Paris, la cité est aujourd'hui classée « Ville d'art et d'histoire ». Sa cathédrale gothique et son palais épiscopal témoignent de son riche passé tout comme son passionnant musée de la Grande Guerre qui raconte l'histoire de la guerre 1914-1918.

Adresses et infos utiles

Office de tourisme : *Cité épiscopale, 5, pl. Charles-de-Gaulle. ☎ 01-64-33-02-26. • meaux-marne-orcq.com • Avr-mars 10h-18h30, w-e 10h-12h30 et 13h-18h30 (17h oct-mars et fermé dim mat et lun).* Le rez-de-chaussée abrite l'office de tourisme. Visites guidées de la ville ou à thème *(avr-nov, sam ou dim à 15h en général ; demandez le programme).* Sinon, téléchargez les visites audioguidées à thème *(gratuit)* sur *• soundcloud.com •* Parcours-jeux pour enfants aussi (Marne 1914). Également une boutique de produits locaux.
À l'étage, ne pas manquer la ***Maison du brie de Meaux*** *(avril-oct tlj 9h30-12h30 et 14h-18h ; avril-oct fermé lun et à 17h)* qui évoque l'histoire du fromage-roi à travers une expo bien faite avec des mises en scène sur les différentes étapes de sa fabrication *(4 €, ou 6 € avec dégustation, tlj à 15h30).* L'occasion de découvrir aussi la confrérie du brie de Meaux.

– ***Marchés :*** *mar bd Jean-Rose, jeu av. Henri-Dunant, ven av. de l'Appel-du-18-Juin, sam quartier du marché, dim pl. du Cinéma.*

■ ***Prêts de vélos :*** l'***Association Germinale*** *(• germinale.org •)* propose des prêts de vélos gratuit à Meaux dans une dizaine de point. *06-67-31-40-67. App Velmo.* Également ***les vélos meldois*** : *2, rue de la Cordonnerie. 07-68-35-17-16. • lesvelosmeldois.com •*

– ***La navette :*** très pratique, une navette gratuite effectue un trajet entre la gare de Meaux et le musée de la Grande Guerre. *Ts les w-e de l'année, en juil-août et tlj pendant les vac scol de la zone C. Arrêts à l'aller (ttes les heures 9h30-12h30 et 14h30-16h30) : Gare de Meaux, Cathédrale (12, bd J.-Rose), Plage (avr-sept), Fromagerie Saint-Faron, Musée de la Grande Guerre. Retour direct (ttes les heures 10h-12h et 14h-17h15) : Musée de la Grande Guerre, Gare de Meaux.*

– ***Halte fluviale :*** *quai Sadi-Carnot. ☎ 01-64-33-02-26.* Halte nautique de 4 pontons, équipée de 17 anneaux et de bornes de service automatiques d'eau potable et d'électricité. Stationnement limité à 48h, 7 €.

Où dormir à Meaux et dans les environs ?

Ibis Style : *27, pl. Jean-Bureaux. ☎ 01-60-25-12-10. • ibis.accor.com • ♿ À 250 m de la gare, après le pont sur la Marne. Doubles 80-120 €, petit déj compris. Parking payant.* Au bord de la Marne, dans un immeuble des années 1970, des chambres fonctionnelles à l'équipement classique, pour la plupart rénovées : simples, propres, efficaces mais pas très grandes. Hall coloré assez agréable et vue sur la Marne depuis la salle de petit déj. Terrasse sur l'eau sympa. Ça reste cher, mais le centre-ville est juste de l'autre côté de la rivière.

L'Orangerie Saint-Martin : *3, rue Dollé, 77400* ***Mary-sur-Marne.*** *07-83-21-68-96. • orangerie-saintmartin.ellohaweb.com • À 15 km au nord-est de Meaux. Doubles 117-132 € (petit déj compris). 1 gîte pour 7 pers (env. 1 050 €/sem),* 4 chambres d'hôtes dans une ancienne forge aménagées avec beaucoup de gout et portant chacune le nom d'un oiseau. Vous êtes ici dans un refuge LPO, donc profitez du calme pour écouter le chant des oiseaux dans le jardin.

Le Gonfalon : *2, rue de l'Église, 77910* ***Germigny-l'Évêque.*** *À 10 km au nord-est de Meaux. ☎ 01-64-33-16-05. • hotelgonfalon.com • Doubles 95-155 €. Formules du marché 32-37 € et menus 59, 69 et 85 €. Fermé dim soir, lun et mardi midi.* On vient dans ce joli logis de charme pour déguster une cuisine élaborée faisant une belle place aux épices et servie dans une salle à manger élégante avec poutres et vue sur la Marne. Aux beaux jours, demandez une table en terrasse. Également 8 chambres, celles du 1er avec véranda et celles du 2d mansardées. Accueil à la fois cordial et pro.

L'Orme des Voyageurs : *rue de Barrois, 77400* ***Boutigny.*** *☎ 01-60-01-28-64. À 7 km au sud de Meaux par la D 228. À partir de 70 € la double (petit déj compris).* Une belle et grande maison récente avec 3 chambres dont 1 familiale mansardée, mais surtout un jardin doté d'une belle piscine extérieure ouverte en saison. Idéal pour un week-end champêtre entre amis.

Où manger ?

Sur le pouce

Pensez aussi au ***marché du samedi matin,*** qui a lieu sous la halle, rive gauche (au sud du centre) : on y trouve de nombreux producteurs locaux et quelques tables pour grignoter.

Patate à Modeler : *2, petite rue Saint-Christophe. ☎ 01-64-33-94-83. Tlj sauf dim-lun 9h30-18h (15h mar et jeu). Formules env 12 €.* Le jeu de mots n'est pas vain : ici, on choisit parmi un vaste assortiment pour accompagner sa pomme de terre au four. C'est pas cher, ça cale et la patronne est accueillante. On peut aussi prendre un café, un muffin, un *wrap,* une quiche ou une soupe maison en hiver...

De bon marché à prix moyens

Les Bistro'Zof : *6, rue Louis-Geoffroy. ☎ 09-67-45-38-04. Le midi, mar-sam ; le soir jeu-sam slt. Fermé dim-lun. Menu 28 €, au choix dans la carte ; plat 18 €.* Un petit bistro sans chichis, où l'on mange fort bien, en piochant dans une carte assez courte (3-5 propositions) qui met en valeur les produits frais de façon assez originale et change chaque semaine. L'accueil est convivial et les conseils pour les vins (presque tous servis au verre) judicieux.

La Péniche : *en face du 6, quai Sadi-Carnot. ☎ 01-60-01-16-16. Tlj sauf dim-lun. Menus 29-37 €.* Difficile de rater cette péniche amarrée en plein centre-ville. Alors la tentation est grande d'embarquer pour un voyage immobile, de préférence sur la terrasse du pont supérieur pour profiter de la vue (mai-sept). Cuisine de bon aloi classique, mais on vient avant tout pour le cadre. Également des burgers à la carte et une carte des vins clairement orientée vers la Bourgogne voisine.

Le Parvis : *5-7, rue Saint-Rémy. ☎ 01-64-34-54-35. Ouv mar midi-sam soir. Formule midi en sem 22-25 €, carte 40-50 €.* Dans un cadre moderne au goût du jour, à 2 pas de la cathédrale, voici un bistrot agréable qui propose une carte de saison, courte à base de produits bien travaillés avec une certaine originalité. Bons et beaux desserts. Laissez vous tenter.

Où trouver un bon brie ?

La Fromagerie de Meaux : *40, rue du Général-Leclerc. ☎ 01-64-34-22-82. Au bas de la grand-rue piétonne. Mar-jeu 9h-12h30 et 15h30-19h; ven 9h-13h30 et 14h30-19h, sam 9h (9h30 dim)-19h (13h dim). Ferm lun.* L'adresse parfaite pour se fournir en fromages locaux ! Brie de Meaux, bien sûr, mais aussi brie de Melun ou de Nangis, coulommiers ou triple-crème.

La Fromagerie Saint-Faron : *rue Jehan-de-Brie. ☎ 01-64-36-69-44. Aller en direction du musée de la Grande Guerre et prendre à droite un peu avt direction Poincy, puis tt de suite à droite. Vente directe mar-sam 10h-12h30 et 14h30-17h. Visite guidée à 9h et 14h30 mar-sam (4 €, réduc, gratuit moins de 12 ans).* La visite de la fromagerie permet de découvrir les techniques de fabrication et d'affinage des bries de Meaux et de Melun. On assiste aux différentes étapes de la transformation du lait jusqu'au fromage. L'étape du moulage est décisive : la délicatesse qu'on y apporte conditionne la qualité du fromage. Il doit se faire à la main, par fines couches successives à l'aide de la traditionnelle « pelle à brie ». Après égouttage et salage au sel sec, les fromages sont entreposés dans les caves de l'affineur pendant 4 à 9 semaines.

Où acheter de bons produits ?

Ferme de la Vallière : *9, Grande-Rue, 77440* ***Tancrou.*** *☎ 09-50-35-22-69. 07-60-61-77-78. • fermedelavalliere.fr • Visite mer et ven 16h-19h et sam 9h-12h. Traite des chèvres à partir de 17h mi-fév, mi-déc. Doubles 115 € avec petit déj (30 € par pers supp).* Dans cette belle ferme briarde, autant dire une demeure de maître, Anne et Clément s'occupe d'un élevage de chèvres et font d'excellents fromages. Ils proposent aussi 2 agréables chambres d'hôtes familiales à l'étage de cette belle bâtisse du XVIIIe s. En été, petit déj servi dans le parc. Presque la vie de château !

Cueillette de Rutel : *route de Rutel, sur le rond-point de la N 330, à* ***Villenoy.*** *☎ 01-64-33-44-09. • cueillettederutel.fr • Cueillette fermée déc-avr. Magasin ouv lun 14h30-19h, mar-ven 9h30-12h30 et 14h30-19h, sam sans coupure, et dim matin. Parking.* Sur 20 ha de champs bordés par un bois, on peut cueillir selon la saison, fruits et légumes, asperges, fraises, tomates, il n'y a qu'à se pencher pour les ramasser. Également des fleurs pour faire de beaux bouquets. Et un magasin de produits fermiers et de terroirs pour compléter.

À voir

Bon à savoir : le premier dimanche de chaque mois, les 3 musées de Meaux sont gratuits.

La cité épiscopale

La cathédrale Saint-Étienne : *tlj 14h-18h.* Élevé à partir de la fin du XIIe s, puis remanié jusqu'au XVIIe s sans être vraiment achevé, cet imposant édifice s'inspire de Notre-Dame de Paris. Le chœur édifié sous Louis IX, haut de 31 m, est un bel exemple de gothique rayonnant, très lumineux. On y admire le vitrail de la Crucifixion et de la Résurrection (XIVe s), mais aussi un orgue du XVIIe s, le tombeau de Bossuet, le célèbre prédicateur connu pour son éloquence et ses sermons enflammés et 2 grandiloquents monuments à sa mémoire, sans oublier la magnifique dalle funéraire de pierre noire des époux Rose (XIVe s).

Le palais épiscopal et le musée Bossuet : *sur le flanc nord de la cathédrale, 5, pl. Charles-de-Gaulle. ☎ 01-64-34-84-45. • musee-bossuet.fr • ♿ Avr-oct, tlj sauf mar 9h30-12h30, 14h-18h ; oct-mars, mer-sam 9h30-12h30, 14h-17h et dim ap-m. Fermé 1er janv, 1er mai, 14 juil et 25 déc. Entrée : 4 € ; gratuit 1er dim du mois, réduc. Audio-guide inclus.*
Cette noble construction de style Renaissance fut la résidence des puissants évêques de Meaux (XIIe-XVIIIe s), dont le plus illustre fut le prédicateur ***Bossuet,*** surnommé l'***Aigle de Meaux*** et qui fut évêque de la ville à partir de 1681. Ses belles salles et sa chapelle renferment une collection de peinture française du maniérisme à l'impressionnisme. Peu d'artistes majeurs, si l'on excepte un *Saut du Doubs* de Gustave Courbet (très sombre), une *Femme portant un panier* de Millet, un Van Loo et quelques Flamands. Une section regroupe 3 portraits de Bossuet, dont un par Mignard, portraitiste de l'aristocratie (et ami de Molière). À signaler encore : une belle châsse en émail de Limoges et une pietà polychrome du XVe s dans la chapelle, plus une série de pots à pharmacie du XVIIe s provenant de l'hôtel-Dieu de Meaux. Les belles salles basses voûtées accueillent les expos temporaires (de qualité) et une section archéologique.
Ensuite, on pourra se promener à l'arrière dans le ***jardin Bossuet,*** créé au XVIIe s par le jeune Le Nôtre. Un drôle de petit jardin à la française assez dépouillé, en forme de mitre d'évêque (!), bordé par des ***remparts d'origine gallo-romaine***. Ils furent construits pour protéger la ville des invasions entre la fin du IIIe s et le début du IVe s en pierre meulière et calcaire avec une alternance de briques. Ils s'étendent sur 250 m le long du boulevard Jean-Rose, au pied du Jardin Bossuet. Ils doivent être restaurés dans le cadre de la mission du Patrimoine de Stéphane Bern afin de stopper leur dégradation.
Côté rue Notre-Dame, jetez un coup d'œil au bel édifice du ***Vieux Chapitre*** (fin XIIIe s, sauf l'escalier du XVe s).

À CHEVAL !

L'escalier du musée Bossuet a été remplacé au XVIe s par une rampe inclinée. Mais pourquoi diable ? Pour que l'évêque Guillaume Briçonnet puisse accéder aux étages à dos de mule. Nulle excentricité là-dessous, mais une raison médicale : il souffrait de la goutte !

Le musée de la Grande Guerre : *rue Lazare-Ponticelli. À 3 km au nord-est du centre (fléché) ; 10 mn en bus depuis la gare (ligne G) ou avec la navette. ☎ 01-60-32-14-18. • museedelagrandeguerre.eu • ♿ Tlj sauf mar 9h30-18h (dernière entrée 30 mn avt). Fermé 1er janv, 1er mai, la 2de quinzaine d'août, et 25 déc. Entrée : 10 € ; gratuit moins de 26 ans ; réduc. Audioguides inclus pour adultes et enfants. Visites guidées et ateliers en famille + 2,50 €. Librairie. Compter 2h* *de visite. Expos temporaires, concerts, conférences, reconstitutions, etc. Possibilité de restauration dans l'entrée du musée (tlj sauf mer). Ts les 1ers w-e du mois de septembre, le musée organise un w-e de reconstitution historique de la Grande Guerre.*

PARLONS POILU...

Au musée de la Grande Guerre de Meaux, une vitrine est consacrée à l'argot des tranchées. Attention, donc, à ne pas confondre le singe (du corned-beef), l'abeille (éclat d'obus ou de balle), la tortue (une grenade) et l'albatros (avion allemand) ! C'est dans la rage des combats que l'on commence à compter ses abatis (membres), en essayant d'éviter les bastos (du nom d'une marque de cigarettes) et les cigares (obus de 75)...

Ce magnifique et vaste musée, un des plus intéressants de ceux dédiés à la Première Guerre mondiale, s'amarre au pied du grand monument américain commémorant les batailles de la Marne, « La Liberté éplorée ». Installé dans un beau bâtiment édifié spécialement pour présenter la formidable collection de 50 000 pièces réunies par Jean-Pierre Verney, spécialiste de la question, il accueille les visiteurs par des bruitages qui vous plongent d'emblée dans le contexte de la guerre.

À l'intérieur, la muséographie moderne et efficace retrace avec brio les terribles heures du conflit selon un ***double parcours.*** L'un, ***chronologique,*** va de la guerre de 1870 jusqu'à la fin de la guerre 1914-1918 : il explore l'émergence de l'idée de vengeance en France après la perte de l'Alsace-Lorraine, (à travers des jeux, des déguisements de soldats), avant de présenter le contexte européen. Survient l'attentat de Sarajevo : les ordres de mobilisation se succèdent en cascade, en toutes langues. 2 couloirs étroits, empruntés en compagnie des soldats en uniforme marchant au son des rengaines de l'époque, débouchent sur un immense espace où explose la guerre dans toute son horreur. Les tranchées, la Marne, le musée donnent à comprendre, à penser, mais aussi à voir : un monoplan Blériot, un taxi de la Marne, un pigeonnier mobile de campagne, une cuisine roulante, mais aussi un masque à gaz pour cheval (eh oui !) et 1 001 autres objets du quotidien et du front. À cet égard, le 2d parcours, où l'humain est cette fois placé au centre de la présentation, se déroule autour de thématiques dans des ***galeries latérales*** plus intimes. Sont évoqués le rôle des soldats venus des colonies, celui des femmes à l'arrière (les marraines de guerre), les mutilés de guerre (impressionnante section « corps et souffrances ») ou bien encore la vie quotidienne dans les tranchées, avec reconstitution d'un boyau et d'astucieux objets réalisés par les poilus à base de débris ou de douilles d'obus. On termine par les exigences très dures du traité de Versailles,

© ESCUDERO Patrick / hemis.fr

qui déboucheront sur la Seconde Guerre mondiale. L'espace famille propose plusieurs activités ludiques : essais d'uniformes et de casques, écriture de cartes postales à la famille ou encore lecture d'ouvrages consacrés au conflit... Un musée passionnant à recommander à toutes les générations. En 2024, ouverture d'une tranchée grandeur nature dans le parc.

Le parc naturel du Pâtis : *dans une boucle de la Marne, à 10 mn à pied du centre-ville. Entrée quai Jacques-Prévert. ☎ 01-64-33-21-16. Loc de canoës-kayaks, d'avirons, promenades à cheval...* Ce beau et vaste parc de 150 ha dédié aux loisirs, à la détente et à la nature englobe étangs, bords de Marne, prairies fleuries, roselières et espaces boisés. On y a recensé plus de 70 espèces d'oiseaux et 370 espèces végétales avec des plantes rares comme des orchidées. Autant de richesses à découvrir au fil des ***14 km de promenades*** et des ***3 boucles balisées*** à emprunter selon le temps dont vous disposez.

À faire

En bateau

– ***Marins d'eau douce :*** *2, chemin de la Marine. ☎ 09-70-71-40-60. ● marindeaudouce.fr/meaux ● Fermé en hiver. Bateaux de 5 à 11 pers, À partir de 1h, 40-90 € selon la taille du bateau. Pour une 1/2 j à partir de 160 €.* Vraiment sympa pour faire un tour en bateau électrique sur la Marne et découvrir ses berges.

– ***Rives en Rêves :*** *06-07-88-57-78. ● rives-en-reves.com ● Tte l'année. Prestations et prix sur mesure.* Propose des croisières sur la Marne de 5h jusqu'à une semaine dans des bateaux tout confort (cabines, douche, kitchenette...) pouvant accueillir de 2 à 12 pers, avec un pilote à la barre. Possibilité d'embarquer à Meaux ou à Melun.

À pied

➢ ***La boucle de la Grande Guerre*** *(11 km, modérée, 3h45, balisage fuschia).* Cette randonnée au départ de la gare permet de découvrir le centre historique de Meaux, avant de rejoindre le musée de la Grande Guerre.

➢ ***Meaux, Ville d'art et d'histoire*** *(6 km, facile, 1h, balisage bleu)* Pour découvrir le centre historique de Meaux.

➢ ***La balade des Olivettes*** *(1,7 km, facile, 40 mn).* Petite promenade familiale au sein de l'espace naturel sensible des Olivettes, le long d'un sentier. Vous pourrez observer de nombreuses espèces d'oiseaux. Ce site classé Natura 2000 est doté de 2 aires d'observations. Au passage, l'usine élévatoire (voir plus loin) et le château de Trilbardou, qui dominait autrefois une propriété très étendue incluant toute la boucle. Plus de renseignements : ● *static.apidae-tourisme.com* ●
Toutes ces randos sont à télécharger sur ● *meaux-marne-ourcq.com* ●

À vélo

Brie et champ de bataille : un itinéraire labellisé « Vélo & Fromages » qui fait découvrir l'histoire et les secrets de fabrication du célèbre brie de Meaux et remonter le temps, dans les pas des soldats de la Première Guerre mondiale. Départ de la cathédrale Saint-Étienne de Meaux (panneaux routiers verts). Possibilité de débuter le parcours au musée de la Grande Guerre *(22 km, durée 2h, difficulté modérée).*

La bataille de l'Ourcq : un itinéraire de mémoire Au départ du musée de la Grande Guerre, on roule dans les plaines de la Brie sur les traces des soldats de la première bataille de la Marne en septembre 1914. Panneaux routiers verts avec pictogramme bleu n°2. Au départ du musée de la Grande Guerre. *(33 km, durée 3h30, difficulté modérée).*

En voiture

Possibilité de faire une boucle de 40 km à travers la campagne en passant par 10 sites qui évoquent cette bataille décisive de la Grande Guerre au départ du musée : monument américain, Villa la Grimpette, stèle de Charles Péguy, Grande tombe, église Saint-Barthelemy, Notre-Dame-de-la-Marne, nécropole française, nécropole allemande, cimetière communal et cathédrale Saint-Étienne de Meaux. • *circuit-bataille-bataille-marne1914.fr* • ***GPS interactif AskMarion :*** à chaque étape menant sur les sites du champ de bataille, revivez l'ambiance de l'époque grâce au *chatbot* qui vous plonge dans les archives photographiques du conflit. Profitez aussi des ***bornes Timescope.*** Ce dispositif de réalité virtuelle permet une immersion totale dans le circuit *Bataille de la Marne 1914*. Sur le toit-terrasse du musée de la Grande Guerre, les vues drone offrent une vision du territoire actuelle. À Barcy, au monument Notre-Dame-de-la-Marne, on remonte le temps en réalité virtuelle lors de la bataille de la Marne, le 6 septembre 1914. Assez bluffant !

DANS LES ENVIRONS DE MEAUX

La réserve naturelle régionale du Grand-Voyeux : *à* ***Congis-sur-Thérouanne.*** *À environ 10 km au nord-est de Meaux. Accessible nov-fév : 1 j./sem (mer ou sam) 9h-17h. ☎ 01-64-33-22-13.* Commencez par vous arrêter à la Maison de la réserve pour être plus à même de reconnaitre les oiseaux que vous allez voir et mieux appréhender la réserve, 160 ha entouré d'étangs et de mares. Plus de 220 espèces d'oiseaux ont été recensées ici dont 2 rapaces, le busard des roseaux et le hibou des marais. On vous conseille de suivre le sentier balisé en jaune : *les oiseaux du Grand-Voyeux* : • *meaux-marne-ourcq.com/decouvrir/sevader-a-la-campagne/les-randos-100-nature/5727489_les-oiseaux-du-grand-voyeux* •

Possibilité de déjeuner ou diner dans un des ***2 restaurants d'application*** (ouv mer-ven) du château de Gué, à Tresmes : *☎ 01-64-35-54-07, menus 12-17 €, résa obligatoire.*

L'usine élévatoire de Trilbardou : *à* ***Montceaux-lès-Meaux,*** *à 1 km à l'est de Meaux. Pour la visite, résa 06-88-60-66-19. Tarif 10 €.* Construite sous Napoléon III, l'usine élévatoire de Trilbardou est une usine de pompage qui permet de compléter les apports d'eau du canal de l'Ourcq à partir des eaux de la Marne.

© GARDEL Bertrand / hemis.fr

La réserve naturelle du Grand-Voyeux

Elle est composée d'une roue comportant 70 aubes en bois et d'un ensemble de 4 pompes qui refoulent 27 000 m³ d'eau par seconde.

Château de Montceaux-lès-Meaux : surnommé le « château des 3 Reines » car occupé successivement par Catherine de Médicis, Gabrielle d'Estrées et Marie de Médicis, il connut son apogée aux XVIe et XVIIe s. Le prince de Conti en fut le dernier occupant. Confisqué en 1793, sa démolition commença en 1799. Il n'en reste aujourd'hui que quelques éléments de l'avant-cour et des ailes du château. Des ruines très romantiques. Des manifestations et des évènements sont organisés dans le parc. *Visite possible sur rendez-vous. ☎ 06-80-74-14-98 ou par e-mail : • chateaud3reines@gmail.com • Ouv lors des Journées du Patrimoine.*

Le cimetière de Lizy-sur-Ourcq : *à 16 km au nord de Meaux.* Il regroupe de nombreuses tombes des gens du cirque, dont celle immanquable en forme de chapiteau de la famille Bouglione.

Le donjon du Houssoy à Crouy-sur-Ourcq : *à 22 km au nord de Meaux.* Du château fort construit au XIVe s par Jean de Sépoix, conseiller de Charles V, il ne reste plus que le donjon carré, le logis ayant été incendié au moment de la fronde. Au pied du donjon, un jardin médiéval, avec ses petits carrés de plantes aromatiques et officinales. On peut accéder aux 5 premiers étages *(sur rendez-vous auprès de la mairie ☎ 01-64-35-61-38).*

Le domaine de Jean-Claude Brialy *(ouverture été 2023) : 1, rue Thiers,* ***Monthyon.*** *Visite libre du parc et des dépendances. Visite guidée du château sur résa auprès de l'OT : ☎ 01-64-33-02-26.* L'acteur résida ici de 1959 à sa mort en 2007. Il avait eu un coup de cœur pour le bâtiment en ruines et l'avait réhabilité avec beaucoup de gout au fil des ans pour y recevoir le Tout-Paris artistique ; de Barbara à François Truffaut mais aussi Jean Marais ou Isabelle Adjani et tant d'autres encore venus profiter du beau jardin et de sa roseraie.

Le domaine de Jean-Claude Brialy, à Monthyon

COULOMMIERS ET LE PAYS DE BRIE

Un territoire dont l'intitulé sonne bon aux oreilles des gourmands, qui réserve bien des surprises comme le domaine viticole du Bois-Brillant, symbole de la renaissance du vignoble d'Île-de-France, mais aussi Galleria Continua, écrin industriel pour l'art contemporain, sans oublier Parrot World, pour un voyage coloré et sonore en Amérique du Sud. Exotique aussi et fascinant les 2 parcs zoologiques de Lumigny consacrés aux félins et aux singes. Bref, une partie du territoire qui fait voyager loin sans risque de grever son bilan carbone !

DES BULLES EN SEINE-ET-MARNE

Au nord du Pays de Brie, Citry, Nanteuil-sur-Marne et Saâcy-sur-Marne peuvent se vanter de bénéficier de l'appellation champagne. Ils sont en effet les 3 seuls villages d'Île-de-France à produire sur 91 ha des vins en AOP champagne.

***Champagne Bombart :** route de Citry, lieu-dit La Petite Couture, 77730 Saâcy-sur-Marne. ☎ 01-60-23-53-12. 📱 06-31-87-04-97. • chamapgnebombart.fr • Pinot meunier, chardonnay et pinot noir selon les cuvées. Possibilité de visite sur rendez-vous.*

COULOMMIERS (77120) 14977 hab.

La légende raconte que c'est Jules César en personne qui lui aurait donné son nom, *columbarium,* lors de sa conquête des Gaules. Au Moyen Âge, les comtes de Champagne s'installent à Coulommiers. En 1172, Thibaut II fait creuser le canal des brasseurs. Arrivent les tanneurs, attirés par l'eau, qui pour développer leur industrie vont créer de petits canaux, ou brassets, sur le Grand Morin et faire la richesse de la ville. Aujourd'hui, Coulommiers est surtout connu pour son brie et on fera avec plaisir une balade en ville au gré de ses petits ponts fleuris.

DE PAGES EN POCHE

C'est à Coulommiers que l'imprimerie Brodard est fondée vers 1858. En 1923, elle s'associe avec Joseph Taupin et signe un 1er contrat avec Hachette. Mais c'est véritablement en 1953 que Brodard & Taupin prend son essor, grâce au Livre de Poche créé par Hachette et dont l'entreprise a assuré la production jusqu'en 2007.

Adresses utiles

ℹ ***Office de tourisme :*** *7, rue du Général-de-Gaulle. ☎ 01-64-03-88-09. Juin-sept, mar 14h-18h, mer-sam 9h30-12h30 et 14h-18h, dim mat slt, fermé lun ; avr-mai et oct, mar 14h30-17h30, mer-sam 10h30-13h et 14h30-17h30, fermé lun-dim.* Propose des visites guidées de la ville.

– ***Marchés :*** *mer et dim mat sur la pl. du marché.* Marché nocturne : *1er ven de chaque mois 18h-22h, sous la halle aux fromages, pl. Gambetta.*

Ou dormir ? Où manger à Coulommiers et dans les environs ?

Les 9 portes : *12, pl. du Marché. 06-07-74-18-25. Doubles 95-125 € sans petit déj. • les9portes.com • CB refusée.* Des petits studios bien équipés dans un immeuble en centre-ville. Des idées, du goût, des couleurs, c'est à la fois cosy et original. Sauna et hammam en accès libre. Bibliothèque à disposition et possibilité de table d'hôtes à partir de 4 pers sur demande.

O'Carré rouge : *4, quai de l'Hôtel-de-Ville. ☎ 01-64-20-75-85. Fermé dim soir et lun. Burgers 16 €, sinon carte comptez env 40 €.* Tenue par un jeune couple dynamique, une brasserie dont on vous laisse deviner la couleur dominante. À la carte, de nombreux burgers avec des ingrédients de qualité qui attire un public jeune et les familles, mais aussi des propositions plus élaborées et plus chères. Desserts maisons très gourmands. Et bonne idée, beau choix de vins proposés en différents contenants, du verre à la bouteille.

Atmosphère : *1, rue de la Pêcherie. ☎ 01-64-20-96-23. Fermé dim soir, lun et mer soir. Carte env. 30 €* Avec sa terrasse sur les bords du Morin, l'endroit est idéal pour déjeuner de spécialités à base de brie.

Camping d'Ussy-sur-Marne : *à 20 km au nord de Coulommiers. 06-18-54-37-83. Mars-oct. Comptez 8 € pour 1 emplacement, voiture et 3 pers.* Camping municipal installé sous les arbres sur les bords de la Marne, simple mais vraiment pas cher. Sanitaires minimalistes.

Hôtel du Sauvage : *27, rue de Paris, 77320* ***La Ferté-Gaucher.*** *☎ 01-64-04-00-19. • hotel-du-sauvage.com • Doubles à partir de 95 €. Menus 26-45 € et carte. Resto fermé dim soir et le midi lun au jeu. À 18 km au sud-est de Coulommiers.* Un logis à la jolie façade fleurie sur la place centrale de La Ferté. Une partie des chambres a été rénovée dans un style romantique avec papier peint paysager et salle de bains modernes, le tout dans des tons gris et blancs reposants. L'autre moitié des chambres, avec un peu moins de charme mais tout aussi confortable, est dotée de salles de bains décorées de façon différente par de jolies faïences Villeroy et Boch qui possédait une usine de carrelage dans la région jusqu'en 2020. On aime tout particulièrement celle avec la frise des canards et celle avec les poissons. On vous laisse choisir. Au restaurant, cuisine de qualité à déguster dans une salle à manger élégante et lumineuse. Le petit déjeuner est quant à lui servi dans une salle éclairée par un dôme de lumière. Sans conteste une excellente adresse à tous les niveaux.

La Fruitière : *21, Grande-Rue, 77120* ***Beautheil-Saints.*** *06-71-22-51-58. • lafruitiere77-chabresdhotes.com • Doubles 65-110 €. À 12 km au sud de Coulommiers. Table d'hôtes sur résa.* 4 chambres dans une belle maison de maître du XVIIIe s rénové avec gout et sobriété. La 5e chambre est installée au-dessus de la grange fruitière, où l'on conservait les fruits sur des clayettes pivotantes. Le petit déjeuner, bon et copieux, se prend dans la salle à manger rustique ou bien, dès que le soleil paraît, sur la terrasse dans le jardin derrière la maison. Garage dans la cour dotée d'un très joli puits. Accueil chaleureux.

Où acheter de bons produits ?

Ferme Jehan de Brie : *15, pl. du Marché. ☎ 01-64-03-06-49. Fermé dim ap-m, lun et mar mat.* Outre un large choix de fromages dont, cela va de soi, les différents bries de la région, on y trouve également toute une sélection de produits du terroir (moutarde de Meaux, cidres...). Accueil charmant.

Au Délice briard : *14, rue de la Pêcherie. ☎ 01-64-03-00-45. Fermé dim ap-m et lun.* On vient s'y procurer le Coulommiers, un délicieux gâteau à base de fromage blanc sur un biscuit à la cuillère agrémenté d'une génoise. Fait aussi salon de thé.

À voir

Le parc des Capucins : *pl.Abel-Leblanc, au sud-est de la ville. Parkings à chaque entrée.* Ce beau parc de 3 ha englobe des jardins à la française et à l'anglaise, mais aussi des sous-bois, le tout agrémenté de sculptures d'artistes contemporains.

© MATTES René / hemis.fr
Pavillon dans le parc des Capucins

UN PEU D'HISTOIRE

Il abrite également les ruines du château que fit construire en 1613, Catherine de Gonzague, Duchesse de Longueville et Princesse de Clèves. Ce château était dit-on le plus somptueux de la région avec son parc, création du jardinier du Roi, Claude Mollet. Œuvre de l'architecte Salomon de Brosse et de François Mansart, le château a servi de modèle pour la construction du Palais du Luxembourg à Paris. C'est également là que Madame de La Fayette situe l'action de son roman *La Princesse de Clèves.* Malheureusement, il fut détruit au XVIIIe s et il ne reste aujourd'hui que quelques vestiges dont le pavillon des Gardes. Le dernier propriétaire du parc fut Adel Leblanc, surnommé « le grand minotier » car propriétaire des Grands Moulins de Pantin et bienfaiteur de la ville qu'il dota de nombreux équipements publics. On peut voir son hôtel particulier à l'entrée du parc, coté centre-ville.

Le musée des Capucins et la grotte aux coquillages : *☎ 01-64-75-80-00, en mai-juin et sept, mer-dim 14h-18h, en juil-août, mar-sam 14h-18h, le reste de l'année mer et w-e 14h-17h30. Fermé le jeu tte l'année ainsi que mi-déc à début mars. Entrée 3 €.* Installé dans la ***chapelle Notre-Dame-des-Anges*** du XVIIe s, le petit musée retrace l'histoire de la ville et du château. Mais c'est au fond que se trouve l'élément le plus intéressant, bien que très endommagé, la ***chapelle funéraire*** à l'origine prévue pour accueillir la sépulture de Catherine de Gonzague. Cette grotte, de style baroque, est encadrée de 7 niches polychromes sculptées représentant des lieux d'ermitage dont Coulommiers (3e niche à gauche) dans lesquelles les personnages ont été décapités par la Révolution. La voute évoque la Sainte Trinité dont on peut encore tout juste apercevoir les grands anges. Il faut s'imaginer la grotte entièrement colorées et recouvertes de coquillages, des ormeaux avec leur face nacrée reflétant la lumière. Très abimée elle doit faire prochainement l'objet d'une restauration.

En sortant du parc (coté parking), voir le ***théâtre municipal*** du XIXe s, de style néoclassique avec sa décoration florale, où Louis de Funès, alors élève au lycée Jules-Ferry de la ville, fit ses premiers pas sur les planches. ***Quai des tanneurs*** à l'angle, impossible de manquer le ***pavillon rouge*** et son avancée sur le Grand Morin avec son appareil de briques et de pierres meulières et son travail de ferronnerie. Faites un tour à la ***bibliothèque municipale*** installée dans une ancienne prison construite en 1848. Elle abritait une quarantaine de cellules sur 4/5 niveaux. Toujours entourée de ses hauts murs, elle a servi de décors à de nombreux films dont *Victoire ou la douleur des femmes,* de Marie Trintignant, entièrement tourné à Coulommiers. L'***église Saint-Denys-Sainte-Foy,*** bien que récente, possède des vitraux de l'ancienne église du XVIe s figurant des scènes bibliques et des scènes de métiers.

La Commanderie des Templiers : *visite uniquement sur rendez-vous avec l'OT. Ouv avr-oct, mer et ven 14h-17h ; sam-dim 14h-17h. Fermé en hiver.* Excentré du centre-ville et désormais enclavé dans une zone d'équipements collectifs, entre le stade et l'hôpital, la commanderie du XIIe s. semble comme un OVNI d'un autre temps dans cet environnement moderne. C'est la mieux conservée au nord de la Loire. Elle est composée d'une grange aux dimes, d'un pigeonnier, du logis du commandeur et de la chapelle Saint-Anne décorée de peintures murales. Également un jardin médiéval.

À faire

Pour les adeptes de la petite reine et les gourmands, les circuits « Jouarre et ses Fromages » *(11 km en boucle)* et « De la Meulière à la Brie » *(48 km de Changis-sur-Marne à Coulommiers)* leur sont destinés. À télécharger sur • *coulommierspaysde brie.fr* •

DANS LES ENVIRONS DE COULOMMIERS

LES PARCS ZOOLOGIQUES À LUMIGNY

• *parcs-zoologiques-lumigny.fr* • *Sortie 13 de l'A 4, puis direction Provins jusqu'au rond-point de l'obélisque et suivre les panneaux. Billets 1 jour/2 parcs : 28 € ; enfants 3-10 ans, 16 € ; réduc.*

Le Parc des Félins : ☎ *01-64-51-33-33. Ouv 9h30-19h juil-août ; 10h-17h fév-mars et oct-nov (18h avr-juin et sept), horaires variables, se renseigner. Fermé déc-janv et lun en nov (hors vac scol). Entrée : 21 € ; 3-10 ans 13,50 € ; réduc. Sur place, parking gratuit, 4 resto, snack dans le Parc des Félins, aires de pique-nique extérieures et intérieures et ferme pédagogique avec des animaux domestiques. N'oubliez pas vos jumelles, sinon possibilité de location sur place, 5 €.* Près de 160 félins et 26 espèces et sous-espèces à découvrir au cœur d'un site exceptionnel de 71 ha ! Unique en Europe, le parc accueille des espèces rares, nées en captivité et regroupées selon leur continent d'origine. À travers 5 circuits de promenade (possibilité de balade commentée en petit train, horaires des départs affichés en gare), le visiteur effectue un véritable périple autour du monde. Tantôt surpris et séduits par un léopard de l'Amour ou un tigre blanc, tantôt par une panthère des neiges, un margay ou un lynx de Sibérie, les apprentis aventuriers resteront sans voix devant le plus grand enclos de guépards européens. Le plus ludique, c'est sans doute la visite de l' île où les lémuriens se baladent en liberté (horaires d'ouverture affichés à l'entrée du parc). Le Parc des Félins est avant tout destiné à la sauvegarde et à la reproduction ; un véritable havre de paix pour des animaux de plus en plus menacés de disparition dans leur milieu naturel et une formidable façon de les découvrir et d'apprendre à mieux les connaitre.

Terre de Singes : *Ouv 9h30-19h juil-août ; horaires variables pour les autres périodes, voir sur le site. Fermé déc-janv et lun en nov (hors vac scol). Entrée : 16 € ; 3-10 ans 10 € ; réduc. 2 snacks dans le parc.* En face du Parc des Félins, c'est un autre univers qui vous attend, celui de nos amis les singes. Une visite assez captivante tant par leurs diversités que par leurs mimiques. 2 univers à

© DENIS-HUOT Michel & Christine / hemis.fr

Parc des Félins, à Lumigny

découvrir, celui des macaques de Barbarie, les plus connus, mais aussi dans l'archipel des singes, au grès de différentes iles, des capucins à poitrine jaune, des hurleurs noirs, des gibbons à bonnet et bien d'autres encore tous différents, plus habiles, intrigants et fascinants les uns que les autres. On pourrait passer des heures à les observer tant ils semblent nous ressembler par moment (ou peut-être est-ce l'inverse ?). Le parc abrite aussi 2 grandes volières, l'une pour les perroquets colorés et bruyants, l'autre pour les loriquets arc-en-ciel aux couleurs toutes aussi chatoyantes et pas moins bavards.

Ferra Botanica : *77320* ***La Ferté-Gaucher.*** *☎ 01-64-04-06-68. • ferrabotanica.com • Avr-début nov, départs à 10h, 13h et 16h. Tarif : 38-45 €/vélorail (2-5 pers) trajet A/R.* Ce vélorail circule sur un tronçon de 7 km de l'ancienne voie de chemin de fer qui reliait Paris à Sézanne. Depuis l'office de tourisme de La Ferté-Gaucher, on est transféré au départ du tronçon en petit train (ou bien on y va par ses propres moyens). À la gare de Trotignon (commune de Lescherolles), on s'installe sur son vélorail et il ne reste plus qu'à pédaler jusqu'au village de Meilleray, sur un parcours en pleine nature largement boisé, à travers la vallée du Grand Morin. Avant de repartir en sens inverse, 45 mn de pause pour un atelier nature et possibilité de restauration pour caler un petit creux et reprendre des forces. Il y a même des nocturnes régulières (venir avec sa frontale).

Galleria Continua – Les Moulins : *46, rue de La Ferté-Gaucher, 77169* ***Boissy-le-Châtel.*** *☎ 01-64-20-39-50. • galleriacontinua.com • À 20 mn à l'est de Crécy-la-Chapelle, aux portes de Coulommiers (nombreux panneaux). Mer-dim 12h-18h sur rdv. GRATUIT. Visite guidée obligatoire, accompagnée par des médiateurs culturels.* En 2007, 3 galeristes italiens ont eu la folle idée d'ouvrir, dans une ancienne papeterie, une galerie d'art contemporain totalement hors norme sur pas moins de 40 000 m² d'expositions extérieures et intérieures. Les différents espaces de cette friche industrielle, hangars, grands plateaux mais aussi anciens bureaux présentent 6 expos temporaires par an et accueillent de nombreuses manifestations en collaboration avec des musées ou des institutions de renommée internationale ; Anish Kapoor, Daniel Buren ou Ai Weiwei et des dizaines d'artistes ont déjà eu le privilège d'exposer ici au bord du Grand Morin dans des volumes seuls à même d'accueillir leurs œuvres et leurs installations monumentales. Le ***2d site à Sainte-Marie,*** ouvert en 2011, également dans une ancienne papeterie, à quelques kilomètres, est doté d'un skatepark accessible à tous ; en été, un restaurant ouvert le week-end permet de se restaurer de plats italiens. Au fond du site, des ateliers accueillent des artistes en résidence. Aux beaux jours, on peut ***rejoindre les 2 sites par un sentier*** dans la campagne en 30 mn. 2 lieux véritablement étonnants que l'on vous encourage vivement à découvrir car même si vous n'êtes pas fan d'art contemporain, l'ensemble et les œuvres sont vraiment uniques et la médiation un vrai plus pour comprendre la démarche des artistes exposés.

Jardin du Point du Jour : *hameau Le Point du Jour, 77510* ***Verdelot.*** *☎ 01-64-04-85-54 ou 06-03-96-60-93. Fév-nov, lun-mar, ven-dim 14h-18h ; déc et Fééries de Noël, tlj sauf mer 10h-12h et 14h-18h. Fermé en janv. Entrée 7 €, gratuit pour les moins de 12 ans accompagnés. Salon de thé très agréable avec boissons locales. Boutique déco et pépinière. Chiens non acceptés. Labéllisé « Jardin remarquable ».* Un jardin surprenant et inclassable, poétique avant tout, imaginé et aménagé à 2 cœurs et 4 mains comme aiment à le dire Françoise et Christian Bougnoux, pépiniéristes et paysagistes de formation, revenus s'installer dans la ferme familiale depuis 1980.
Démarré sur une ancienne pâture, à flanc de coteaux du Petit Morin, le jardin s'étend maintenant sur 7 ha et, au gré de votre déambulation, vous rencontrerez des curiosités végétales, mais aussi architecturales, tels des arbres rares, des herbes folles, des passages secrets et des personnages mystérieux, sans oublier des cabanes « pas comme les autres » ! Ici, pas de plan, pas de signalétiques, on se laisse guider par ses envies et sa curiosité. Pas non plus de parterres de fleurs ordonnées ou de jardins thématiques, mais une grande prairie aménagée avec des arbres et des perspectives, des sous-bois qui réservent des surprises, un théâtre antique et même une plage au bord de l'étang... un jardin aussi dont certains décors évoquent la vie de la famille Bougnoux, comme cette cathédrale végétale recouverte de glycines et décorée des vitraux représentant la genèse de la famille avec au fond la sculpture *L'envol* de Robert Arnoux. À chaque saison, on découvre le jardin sous un nouveau jour, avec de nouvelles couleurs et de nouvelles surprises. Superbes décorations et animations au moment de Noël. Le bonheur est dans le pré, cours-y vite...

Où manger dans les environs ?

Auberge de la Vallée : *4, rue de la Couture, 77510* ***Villeneuve-sur-Bellot.*** *☎ 01-64-65-05-20. Ouv tlj.* Un bar tabac PMU dans son jus dans un petit village doté d'une jolie église. Au fond du bar, une salle sans charme et assez sombre (vous voilà prévenu), mais comme le cuistot vient du Sri-Lanka, on vous servira ici un bon colombo et des samoussas. Également des plats plus classiques et des sandwichs. Accueil gentil comme tout.

CRÉCY-LA-CHAPELLE (77580) 4 592 hab.

Lovée au creux d'une boucle du Grand Morin, cette ancienne cité de tanneurs dégage un charme certain : 3 bras canalisés de la rivière, bordés de lavoirs, la traversent et l'enserrent poétiquement. Ailleurs, ce sont de belles tours médiévales, rondes et trapues, qui captent le regard. On ne s'étonne pas que nombre de monarques y aient résidé, dont Philippe le Bel, Charles VI, Charles VII, Henri IV et Catherine de Médicis (elle y faisait cultiver des potirons). Bossuet y vint aussi, naturellement, de même que de nombreux artistes : Corot, Dunoyer de Segonzac...

Adresse utile

Espace Tourisme Crécy-la-Chapelle : *1, pl. du Marché. ☎ 01-64-03-88-09. • coulommierspaysdebrie.fr • Lun-ven 9h-12h30, 14h-17h30.* Plan de ville et brochures détaillant des circuits pédestres du Pays créçois. Visites guidées théâtralisées de la collégiale et de la vallée des peintres à Crécy-la-Chapelle et Villiers-sur-Morin *(1 fois/mois mai-oct ; 5 €, réduc). Brochure sur la vallée des peintres.*

Où dormir ? Où manger à Crécy et dans les environs ?

Camping

Country-Park: *route de Serbonne. ☎ 01-64-04-16-36. • countrypark.paris • À la sortie de Crécy-la-Chapelle en direction de Coulommiers, juste après la collégiale à droite (fléché). Ouv avr-fin oct. Forfait 32-42 € pour 2. Mobile homes et tentes toile et bois 6-8 pers (env 385-1 120 € /sem).* Dans une paisible vallée verdoyante, cet agréable camping regroupe de nombreux mobile homes en bois (avec terrasse), avenants, pas trop proches les uns des autres, et une longue bande herbeuse pour les tentes, du côté opposé à la route – qu'on entend un peu en bruit de fond. Piscine et pataugeoire, aires de jeux, salle TV, épicerie, bar-resto... Un bus (Express 17) passant devant la collégiale conduit directement à Disneyland.

De prix moyens à chic

Café Le Commerce-restaurant La Cabane : *1 rue du Marché. ☎ 01-60-04-73-06. Ouv mer-dim midi, le soir jeu-sam. Formules 18,50-22,50 €, plus carte à l'ardoise.* Côté pile un bar PMU classique, coté face, une salle de resto agréable avec poutres au plafond et de confortables banquettes qui propose une carte de brasserie très complète, avec notamment des plateaux de fruits de mer. C'est bon et copieux, alors n'hésitez pas.

Chambres d'hôtes La Ferme du Colombier : *24, pl. de l'Église, 77580* ***Coulommes.*** *☎ 01-60-25-71-51. 06-62-31-94-67. • ferme-du-colombier.com • À env 5 km au nord de Crécy-la-Chapelle. Doubles 69 € + 22 €/pers supplémentaire. Également une familiale pour 5.* Au centre du village, cette grosse ferme briarde toujours en activité, construite en lieu et place d'un vieux château fort, ne passe pas inaperçue avec sa tour imposante devenue pigeonnier. L'ancien grenier, à la charpente du XVIIIe s, accueille désormais 3 chambres d'hôtes aux couleurs différentes : poutres apparentes, dessus-de-lit en toile de Jouy, jolis meubles cérusés, salles de bains modernes. Également une petite cuisine à disposition des hôtes. Bien pratique.

Le Clos des Bergenias : *10, impasse Charles-Dullin,* ***Férolles,*** *77580 Crécy-la-Chapelle. ☎ 01-64-63-73-65. 06-08-74-46-99. • gites-bergenias.fr • À 1,8 km au nord de Crécy-la-Chapelle. Double 90 €, familiale 110 €. Min 2 nuits.* Cachée derrière un grand portail en bois, cette ancienne ferme briarde recouverte de vigne vierge se niche au cœur d'un agréable jardin fleuri et arboré. 2 belles chambres, une grande double, la « Vénitienne » et une suite familiale (pour 4) la « Parisienne », chacune avec coin cuisine et terrasse privée. Beaucoup de charme et un accueil convivial. Également un gîte pour 4 pers (700-770 € par sem).

Très chic

L'Auberge de la Brie : *14, av. Alphonse-Boulingre, à* ***Couilly-Pont-aux-Dames.*** *☎ 01-64-63-51-80. • aubergedelabrie.net • À 5 km au* *nord-ouest de Crécy-la-Chapelle. Fermé dim-lun et mar midi. Congés : août. Menus dégustation 88-104 €. Menu-carte 74 €.* Chef étoilé, Alain Pavard mitonne une cuisine aux nombreux élans marins, qui ne dédaigne pas pour autant le terroir – sublimé par des cuissons maîtrisées, des touches inventives et des mélanges sucré-salé réussis. C'est beau, bon et même très bon – jusqu'au dessert. L'ambiance est raffinée sans être guindée et la salle, décorée de toiles aux couleurs chaudes, est lumineuse grâce aux baies vitrées donnant sur le jardin et son bel agencement de plantes.

Où prendre un bon 4-heures ?

La Librairie Salon de thé : *4, pl. du Marché. ☎ 01-60-04-15-74. Mar-dim 10h-13h, 14h30-19h.* Cette jolie librairie très bien fournie dispose sur l'arrière d'une petite véranda couverte pour prendre le goûter au-dessus de l'eau. Au menu, cafés et thés de qualité, jus locaux, pâtisseries et glaces artisanales. Animations et rencontres régulières.

À voir. À faire

La collégiale Notre-Dame de l'Assomption

La collégiale Notre-Dame de l'Assomption : *pl. de Moustier. À la sortie de Crécy, direction Coulommiers.* ***Fermé sauf visites guidées*** *de l'Espace Tourisme ou lors des offices religieux, mais on peut apercevoir l'intérieur par la porte grillagée.* Bien éclairé la nuit. Ce bel édifice, élevé au XIIe s sur la rive droite du Grand Morin, s'appuie sur de larges arcs-boutants pour ne pas risquer de chavirer sur le terrain meuble ! Cette architecture spéciale a permis l'allégement des murs eux-mêmes, ajourés par 3 niveaux de vitraux, et une élévation tout aérienne. Face au petit portail historié s'alanguit un vieux lavoir.

Le Moulin Jaune : *1, sente du Moulin-Nicole (au bout de la rue des Abbesses). • moulinjaune.com • Accessible slt lors des événements (consulter le site internet) et certains w-e d'avr à oct.* Ce domaine appartient au clown-artiste russe Slava, qui tourne dans le monde entier avec son spectacle « Slava's Snowshow » et accueille ici plein d'artistes en résidence. À certaines dates précises, il organise de rocambolesques manifestations artistiques, réunissant sans distinction cirque, théâtre, musique ou danse. Les visiteurs sont invités à participer, œuvrant à la création d'une « vie théâtre ». Tout se passe entre les 4 ha du poétique jardin (labellisé « Jardin remarquable ») et les fantasques constructions qui peuplent ce lieu étonnant.

– Possibilité de découvrir les jardins du Moulin Jaune ***en paddle,*** 3 km sur le Grand Morin, entre fin avril et fin octobre, en réservant auprès de *• locadventure.*

com ● : 06-82-39-72-14. Tarif : 15 €. 3 départs/j. Départ et arrivée au Champ-de-Foire à Crécy-la-Chapelle.
– **Descente du Grand Morin en canoë :** *possible aussi avec ● canoe-77.com ● et ● aventurecanoe.com ●*

Flânerie dans la vallée des peintres du Grand Morin : dès le XIXe s, les peintres, à la recherche de lumières et de paysages naturels, trouvèrent une source d'inspiration dans la vallée du Grand Morin, ses paysages vallonnés, ses villages à l'architecture typique et la présence de l'eau. C'est autour d'Amédée Servin, qui débuta à Barbizon, que se constitua, vers 1860, la 1re colonie d'artistes. À sa suite, vinrent Toulouse-Lautrec, Corot, Van Gogh, Derain... Mais aussi des sculpteurs ou des photographes comme Man Ray et Brancusi... À partir de la localisation des lieux peints, un ***circuit reliant Crécy-la-Chapelle à Saint-Germain-sur-Morin*** et doté de panneaux explicatifs a été élaboré (itinéraire à retirer à l'Espace Tourisme ou sur le site de l'Office de Tourisme). *11, 5 km, compter 3h environ.*

DANS LES ENVIRONS DE CRÉCY-LA-CHAPELLE

Parrot World : *route de Guérard. ☎ 01-86-70-06-84. Horaires sur le site ● parrotworld.fr ● Entrée : 18 €, 14 € moins de 11 ans, réduc. Restauration rapide possible au camp de base à l'entrée de la grande volière et au Carbet-manger dans le village sur pilotis. Zone de pique-nique dans le parc. Animations pédagogiques, voir programme et horaires sur le site. Soigneur d'un jour 180 € par adulte et 110 € 8-14 ans, sur résa.* Quelque 200 perroquets d'Amérique du Sud en vol libre dans une immense volière immersive, ça fait du bruit, mais c'est surtout dépaysant ! Dans la volière géante, la plus grande d'Europe vivent et volètent de nombreuses espèces emblématiques de l'Amazonie, des perroquets de toutes les couleurs mais aussi des flamants du Chili et de Cuba, des ibis rouges aux couleurs flamboyantes, et pleins d'autres oiseaux et canards qui se retrouvent autour de la rivière avec les loutres géantes. Parrot World vous emmène aussi au bout de l'Amérique du Sud, en Patagonie, où vous rencontrerez les petits manchots de Humboldt, mais aussi les nandous et les élégants guanacos, tandis que les cochons d'Inde s'en donnent à cœur joie dans leur village. Événement d'importance : en mai 2022 le couple de jaguars hébergé dans le parc a donné naissance à 2 bébés jaguars (l'un tacheté et l'autre tout noir) que vous pourrez observer dans la zone qui leur est réservé. Un évènement rare dans un parc alors que l'espèce est considérée comme menacée et inscrite dans le cadre d'un programme européen de reproduction. Les enfants apprécieront aussi de survoler le parc dans des filets et de caresser les animaux du ranch (chèvres, moutons et alpagas peu sauvages) !

Possibilité de dormir dans de beaux **lodges** pour 4 à 6 personnes bien conçus dans une ambiance sud-américaine dont la déco en bois vient de Guyane. 6 lodges dont 2 fermés (tant mieux) dans l'enclos des jaguars et 4 (dont 1 PMR) avec balcon dans la volière, histoire de discuter avec les perroquets. *À partir de 118 €/pers (lodge pour 4), dîner, petit déj et entrée au parc compris.*

■ Juste à côté, le ***Crécy Golf Club, à Crécy-la-Chapelle*** (voir chapitre « Hommes, culture, environnement », p. 33).

Domaine Bois-Brillant : *30, rue de la Brosse, Le Charnoy, 77580* ***Guérard.*** *☎ 01-64-75-63-11. ● vignenvie.fr ● Visite guidée passionnante du domaine et de son histoire sur résa à partir de 8 pers : 1h avec dégustation de 2 vins, 19 €/pers. Également de nombreuses animations autour du travail de la vigne.*
On a du mal à l'imaginer mais, au XVIIIe s, l'Île-de-France était le plus important vignoble français. Près de 42 000 ha de vignes étaient cultivés au début du XIXe s avant que le phylloxera ne les anéantisse. À Guérard, vers 1845, le village comptait 400 ha

de vignes plantés sur ses coteaux descendants vers les rives du Grand Morin. L'église témoigne de ce passé viticole avec une statue de saint Vincent et un chapiteau orné de grappes de raisins. Heureusement, l'histoire ne s'arrête pas là. En 2003, Daniel Kiszel plante ses premiers pieds de vignes (chardonnay et pinot noir) à Guérard sur des sols argilo-calcaires avec pour objectif de faire revivre la vigne et de préserver la ruralité. Le domaine est exploité en bio dans le souci de la protection du patrimoine agricole et de la biodiversité : vendanges manuelles, agro-foresterie, paillage de chanvre, désherbage par des moutons... Ici on se veut le plus vertueux possible y compris dans le respect du paysage ; vergers dans les hauts, vignes en terrasses avec des murets en pierres sèches comme autrefois et forêts plus bas pour de beaux points de vue sur la vallée. Les vins du domaine sont élevés plusieurs mois en cuves inox avec un vieillissement pour certains en futs de chêne. Enfin, dans le cadre de l'IGP Île-de-France obtenue en 2021, le vin guérardais a obtenu une dénomination géographique complémentaire et est servi à la table des grands restaurants. Une belle aventure qui ne demande qu'à se développer.

– ***Maison de la vigne et du vin :*** le caveau de vente est installé dans une belle maison restaurée datant de 1710. Vous y trouverez les vins du domaine mais aussi une belle sélection de vins bio de toute la France. *Lun-ven 8h-18h, sam 10h-18h.*

Où manger ?

Le Petit Guérard : *30, Grande-Rue, à* ***Guérard.*** *☎ 01-70-35-15-01. Fermé mar ap-m mer et dim ap-m. Plat du jour 10 € et carte.* Face à la mairie, une sympathique brasserie-bar-tabac où se retrouvent les habitués autour d'une cuisine maison bien tournée. Également des pizzas le jeudi soir à emporter et du poulet rôti le dimanche midi à emporter. Sans oublier des concerts certains soirs dans une bonne ambiance 1 fois/mois.

JOUARRE (77640) 4 379 hab.

À 20 km à l'est de Meaux (par la D 603), la bourgade de Jouarre vit depuis plus de 13 siècles à l'ombre de son abbaye, fondée vers l'an 635 par un certain Adon, sous le règne du roi Dagobert. Une sacrée fratrie : Adon et ses frères Radon et Dadon ont chacun fondé un monastère. Les 2 premières abbesses de Jouarre étaient par ailleurs ailleurs ses nièces et l'évêque de Meaux son neveu ! De nombreux membres de la famille, guidés sur la voie de Dieu par le missionnaire irlandais saint Colomban, furent béatifiés...

Adresses utiles

Espace Jouarre Tourisme : *6, pl. Auguste-Tinchant. ☎ 01-64-03-88-09. Ouv mai-oct : mar et dim 14h-18h, mer-jeu et ven 9h30-12h30 et 14h-18h.*

– ***Marché campagnard :*** *au pied de la Tour romane, le 1er sam du mois entre avril-oct.*

Où dormir ?
Où manger à Jouarre et dans les environs ?

Camping des Bondons : *49, rue des Bondons,* ***La Ferté-sous-Jouarre.*** *☎ 01-85-49-01-49. • campingdesbondons.com • Camping à partir de 12 €, mobiles-home à partir de 68 € la nuit pour 2, cottage pour 2* *à partir de 80 € (la nuit). Ouv tte l'année, 247 emp.* En pleine campagne, au sein d'un massif forestier, dans un grand parc arboré, un vaste camping simple mais spacieux avec de beaux emplacements bien délimités par des haies. Grands blocs sanitaires. Également des mobiles-homes et des cottages de 2 ou 3 chambres à louer.

Les Jardins de la Tuilerie : *7, rue du Marteroy. 06-79-03-65-68. Double 80-100 €, petit déj compris. CB refusée.* 5 chambres dont une au rez-de-chaussée. Non loin du centre, sur le site d'une ancienne tuilerie du XVIIe s, derrière de hauts murs recouverts de lierre, une jolie maison de plein pied, avec un étage, s'ouvrant sur un grand jardin. Vélos à disposition.

Les Terrasses de la Crypte : *rue de la Tour. 06-82-21-49-32. Mer-ven 17h-22h, sam 11h-22h, dim pour le brunch 11h30-15h. Fermé lun-mar. Burgers, salades, tartines, plats du jour 14-16 €.* En face de l'abbaye, dans la salle ou en terrasse pour boire un verre le soir en semaine ou déjeuner en tout simplicité le week-end. Nombreuses animations dans une bonne ambiance. Voir le programme sur leur facebook.

Rives en rêves : 3 gîtes nautiques sur des bateaux de plaisance stationnés *au port de* ***La Ferté-sous-Jouarre*** *(chemin des Deux-Rivières),* sont disponibles à la location. *Infos et résa : • rivesenreves.com • ou 06-07-88-57-78, 175 €/nuit, embarquement à 19h.* À bord d'une vedette hollandaise de 2 cabines ou d'une vedette de mer de 3 cabines. Vous pouvez rester amarré ou bien opter pour une croisière sur la Marne et vous endormir sur l'eau à l'autre bout du Pays de Brie. L'expérience dure jusqu'au lendemain à la même heure.

O'berge : *2, rue des Pelletiers,* ***La Ferté-sous-Jouarre.*** *☎ 01-60-61-04-04. Fermé le soir dim, mar et mer. Formule midi 21-28 €. Plat du jour 14 €. Brunch dim.* Pas grand-chose à se mettre sous la dent en ville. Alors installez-vous dans cette brasserie avec vue sur la Marne pour choisir, dans une carte à tendance méditerranéenne, burger,s pâtes, pizzas ou plat du jour. Ne vous attendez pas à des miracles dans l'assiette mais le service est efficace. Sur le toit, grande terrasse pour boire un verre aux beaux jours en dominant les toits de la ville.

Où acheter du bon Brie ?

Fromagerie Ganot : *4, rue Cécile-Dume. ☎ 01-60-22-06-09. Ouv mer 15h-18h30, jeu-ven 15h-19h, sam 10h-12h30 et 14h30-18h30. Et sur de nombreux marchés de la région.* La plus ancienne fromagerie de la Brie depuis 1895 affine elle-même ses fromages et propose une visite guidée le samedi à 16h30 : petit musée des ustensiles et objets anciens en lien avec la fabrication et la commercialisation du fromage, film sur l'élaboration du brie, puis passage par le tunnel d'affinage, et pour finir dégustation *(7,50 €/pers).*

À voir

Les cryptes mérovingiennes : *tte l'année. Voir horaires sur le site • coulommierspaysdebrie-tourisme.fr • L'accueil pour la visite des cryptes se fait à l'Espace Jouarre Tourisme. Apportez une pièce d'identité et récupérez votre audioguide. Visites des cryptes mer-sam 10h30-11h30 et 14h-16h30. Entrée : 4 €, tablette incluse ; réduc, gratuit moins de 6 ans.* Située derrière l'église, elle date de la fin du VIIe s ; c'est l'un des rares témoignages connus de ***l'époque mérovingienne !*** Elle se divise en fait en 2 cryptes contiguës. À droite, la ***crypte de saint Ébrégésile,*** évêque de Meaux, a été édifiée au XIIe s, mêlant voûtes romanes sur colonnettes de remploi. Côté gauche, la ***crypte Saint-Paul,*** plus intéressante, renferme plusieurs cénotaphes reposant sous de courtes voûtes aux colonnes gallo-romaines et chapiteaux en marbre des Pyrénées remarquablement conservés. Là reposent Adon, sainte Telchilde (1re abbesse), inhumée dans un tombeau aux flancs sculptés de conques marines, et sa cousine sainte Aguilberte (2e abbesse). Le tombeau trapézoïdal d'Agilbert (évêque de Paris et frère de Telchilde), le plus remarquable, est sculpté sur le flanc d'une scène d'acclamation du Christ et, en tête, d'une représentation du Christ en Majesté, à l'apparence très juvénile, entouré des 4 évangélistes symbolisés par l'homme, l'aigle, le taureau et le lion. Exceptionnel.

L'abbaye Notre-Dame de Jouarre : à l'origine une abbaye double, qui accueillait à la fois moines et moniales, dans 2 ailes séparées, naturellement. Brûlée pendant la guerre de Cent Ans, vendue et en partie démolie à la Révolution, elle est à nouveau habitée par une communauté de Bénédictines depuis 1837. L'accueil y est charmant, mais la visite rapide : on ne peut accéder qu'à la ***tour romane*** (XIIe-XVIe s), où a été aménagé un petit parcours de découverte sur la vie monastique à Jouarre *(• abbayejouarre.org • ; tlj 10h-12h, 14h-17h, dim à partir de 11h, sous réserve de petites variations ; entrée : 4,50 €, réduc).* Un audiovisuel de 18 mn présente les lieux. L'église de l'abbaye, reconstruite, n'a pas vraiment d'intérêt architectural. Pour y accéder on passe par la boutique bien achalandée des sœurs qui fabriquent, entre autres choses, de jolis santons d'inspiration mexicaine et des confitures.

Salle de la tour romane, abbaye Notre-Dame de Jouarre

© ESCUDERO Patrick / hemis.fr

L'église Saint-Pierre-Saint-Paul : *face à l'abbaye, côté nord.* Datant des XVe-XVIe s, l'église paroissiale est presque aussi large que longue. On y voit de fort belles sculptures, telle cette grande *Mise au tombeau,* en pierre polychrome de 1510, et d'impressionnantes châsses des XIIe-XIIIe s. Beaucoup de trésors de l'abbaye y furent cachés à la Révolution. Vitraux du XVIe s et vitraux modernes de 1945 du maître verrier Barillet. Le chemin de croix a été réalisé par les sœurs du convent.

DANS LES ENVIRONS DE JOUARRE

LA FERTÉ-SOUS-JOUARRE

La petite ville, (à 3 km au nord) est dotée d'un imposant ***mémorial franco-britannique*** inauguré en 1928. Il est dédié aux soldats du corps expéditionnaire britannique disparus et sans tombe connue entre août et octobre 1914.

À découvrir à La Ferté-sous-Jouarre : ***l'église Saint-Étienne-Saint-Denis*** des XVe et XVIIe s et ***l'ancienne synagogue*** transformée en ***centre d'art*** *(28, bd de Turenne).* Inspirée du style romano-byzantin, elle fut construite en 1890. Au 1er étage, ***musée André Planson*** natif de la ville et membre du groupe des peintres de la réalité poétique *(ouv en période d'exposition slt : sam 14h-18h et dim 10h-13h, 14h-18h ; ☎ 01-60-22-25-63).*
– ***Marché :*** *dim mat, pl. de l'Hôtel-de-Ville.*

Adventure Park : *5, allée du Jumelage. 06-61-02-46-37. • aventure-club.com • Ouv 14-18h30 tlj printemps-été ; avr et sept, mer, sam-dim et j. fériés. 10-15-20 €/pers selon l'âge. Parking parc de la Fontaine-aux-Pigeons.* 9 parcours accrobranche accessibles dès 3 ans. 5 niveaux de difficultés, de 1,20 m à 17 m de haut, pour s'adapter à tous les niveaux. Plusieurs fois dans l'année, Adventure Park propose un accrobranche nocturne.

SAINT-CYR-SUR-MORIN

Point d'informations : *pl. de l'Église. ☎ 01-60-01-63-98. Ouv avr-oct, jeu-ven 9h-12h et 13h-17h, sam-dim 10h-12h et 14h-18h. Pendant la période de fermeture, contacter l'office de tourisme de Provins au ☎ 01-64-60-26-26.*
C'est dans ce petit village tranquille que vécut ***Pierre Mac Orlan*** (1882-1970) de 1927 à sa mort. Poète, journaliste, éditeur, homme de radio, auteur de chansons, Pierre Mac Orlan est l'auteur du roman *Le Quai des brumes,* adapté au cinéma par Marcel Carné avec l'inoubliable couple Michèle Morgan-Jean Gabin. « T'as de beaux yeux tu sais »...
On peut visiter sa maison à 14h, 15h et 16h le dimanche toute l'année, sauf le 1er dimanche du mois, d'octobre à juillet, réservé aux visites théâtralisées à 15h *(12 € ; résa : les Passeurs de l'Arche ☎ 01-60-24-80-35 ou • passeursdelarche@gmail.com •).*

LE DERNIER ESSAI

L'écrivain Pierre Mac Orlan était aussi un passionné de rugby. Les joueurs du XV tricolore lui avait offert un ballon dédicacé en 1967 qu'il emporta dans sa tombe au cimetière de Saint-Cyr-sur-Morin.

Musée de la Seine-et-Marne : *17, av. de La Ferté-sous-Jouarre. ☎ 01-60-24-46-00. Ouv tlj 10h-12h30 et 14h-17h30, plus mer mat. Fermé mer ap-m et sam. Juil-août, fermeture à 18h. Entrée : 5 €, réduc. Livret découverte pour les enfants. Expos temporaires au 1er étage.* On passe d'abord par le petit jardin avec sa collection de variétés d'osier cultivées traditionnellement dans la vallée. Le rez-de-chaussée présente la société rurale de la première moitié du XXe s avec ses différentes activités, ses nombreux métiers et leurs outils comme ce spectaculaire métier à tisser de passementerie. Ne pas manquer la section consacrée à la fabrication du brie et des paillons. Voir aussi la section consacrée à la pierre de meulière utilisée dans la construction de nombreuses maisons du Bassin parisien. Bien fait et instructif.

À faire

Site VTT des coteaux du Morin et de l'Aubetin : c'est le seul site de la région Île-de-France à être labellisé par la Fédération française de cyclisme. Pas moins de 20 parcours de 7 à 106 km pour le plus long et le plus difficile. Mais rassurez-vous, 16 d'entre eux, entre 10 et 20 km, sont accessibles à tous (port du casque recommandé), avec du bon matériel. Carte à demander dans les offices de tourisme du Pays de Brie ou à sur • *tracegps.com* •

PROVINS ET LA BASSÉE MONTOIS

La moyenâgeuse cité de Provins et son territoire forment un ensemble chargé d'histoire. Celle des comtes de Champagne, lorsqu'ils rayonnaient sur le pays. Celle de la rose de Provins aussi, qu'on découvre aujourd'hui à la superbe roseraie ou sous forme de spécialités culinaires. Les musées provinois et des alentours sont là pour raconter cette riche histoire, illustrée par des monuments médiévaux bien debout, tandis qu'à l'horizon, la réserve naturelle de la Bassée, coule des jours heureux et tranquilles, préservée de la cacophonie humaine...

PROVINS (77160) 12 371 hab.

La découverte de cette cité médiévale – classée au Patrimoine mondial de l'Unesco – est un véritable enchantement ! Au détour des ruelles fleuries et des caves voûtées romano-gothiques, chaque maison rappelle les siècles écoulés, chaque pierre raconte une histoire. Marchez dans les pas de Chrétien de Troyes et de ses chevaliers de la Table ronde, de Balzac qui décrivit les charmes de la cité dans son roman *Pierrette,* de Jules Verne qui, enfant, y passait ses vacances, ou encore de Proust qui venait s'y balader...

UN PEU D'HISTOIRE

Provins, c'est d'abord un ***bourg fortifié*** au Xe s, doublé d'une ville basse qui se développe à partir du XIe s avec la découverte des reliques de Saint-Ayoul, la construction d'un monastère et l'affluence des pèlerins. La ville atteint son apogée aux XIIe et XIIIe s, sous le règne des ***comtes de Champagne.*** C'est alors la 3e agglomération de France après Paris et Rouen ! On y fabrique une étoffe célèbre et coûteuse, le drap « ners » de Provins (d'un bleu-noir difficile à obtenir), et de ***grandes foires*** s'y tiennent, attirant nombre de marchands de gros venus de toute l'Europe. La cité se trouve alors au confluent de nombreux chemins... et le denier provinois est accepté à travers tout le continent.

DÉJÀ DES GROUPIES

Les tournois du Moyen Âge échauffaient souvent les gentes dames. Il arrivait même alors qu'elles « décollent » (retirent) leur corsage pour le jeter au chevalier de leur élection... Ne cherchez pas plus loin : le mot « décolleté » vient de là.

À la cour de ***Thibault de Champagne*** (1201-1253), la littérature courtoise se diffuse dans le sillage de Chrétien de Troyes ; le comte compose d'ailleurs pour... son propre compte. Il encourage aussi la culture de la rose de Provins et, dit-on, rapporte de croisade ce cépage chardonnay aujourd'hui indissociable du champagne. Cette longue période florissante se termine avec le rattachement formel de la Champagne et de la Brie au royaume de France en 1284, la concurrence accrue des cols alpins et du détroit de Gibraltar, les épidémies et la fin des privilèges des marchands, au XIVe s.

Comment y aller ?

En train

Gare ferroviaire : *rue François-Rayer. ☎ 36-58. • transilien.com •*
➢ **Depuis Paris :** au départ de la gare de l'Est, env 20 trains/j. dans chaque sens (un peu moins le w-e) avec la ligne P. Trajet : 1h30 env. Dernier retour de Provins à 21h46.

De la gare, un ***minibus*** électrique dessert la ville basse, la cité médiévale ainsi que l'office de tourisme *(avr-août, w-e et j. fériés ; 2,50 €/billet, 4 €/j., ttes les heures, 10h15-17h15, sauf 14h15).* Le reste du temps, prendre le bus n° 50 direction Chessy, ttes les 20 mn à 1h en sem, 1h w-e et j. fériés. Infos *ProCars* : *☎ 01-60-67-30-67. • procars.com •*

Topographie

Le centre de Provins se compose de 2 quartiers. Le ***Châtel,*** ou ville haute médiévale, est la partie la plus pittoresque de la cité. Elle se visite exclusivement à pied.
Le quartier du ***Val,*** ou ville basse, construit plus tardivement, a le charme de ses vieilles maisons avec jardin et de ses rues commerçantes animées. Les 2 quartiers sont reliés entre eux par des rues en pente et des escaliers. Faites chauffer les mollets !

Adresses et infos utiles

Office de tourisme : *4, chemin de Villecran. ☎ 01-64-60-26-26. • provins.net • Juste avt la porte Saint-Jean (enceinte de la ville haute). Tlj 9h-18h30 (17h nov-mars). Fermé 1er janv et 25 déc.* Demandez-y le plan de la ville avec ses points d'intérêt et propositions de circuits de découverte à pied, très bien fait. Visites guidées à thème payantes ou appli CloudGuide *(• cloudguide.me •)* gratuite à télécharger. Et pour la région proche : les 3 guides-découvertes du *Provinois,* du *Bassée-Montois* et des *Deux Morin.* Sur place : boutique, panneaux interactifs, maquette de la ville, aire de pique-nique couverte, w-c. Location de VTT et VTC électriques hauts de gamme de fin avril à début novembre *(compter 8 € pour 2h, 13 € la ½ journée, 20 €/j.)* ; remorque enfants et siège bébé sur demande. Résa conseillée. Proposition de balades commentées à vélo électrique certains samedis de mai à août à 11h (durée : 1h30).

Antenne de l'office de tourisme à la gare : *à gauche en sortant. Ouv mar-dim 10h-12h30, 13h30-18h. Fermé lun.*

■ Outre le *Pass Provins* (voir « À voir ») pour la visite des monuments les plus emblématiques, signalons l'existence du ***Pass Jardins,*** qui permet d'accéder à 6 des plus beaux jardins de la région, dont la Roseraie de Provins *(15 €, valable 1 an).*

Stationnement : mieux vaut se garer au ***grand parking*** situé face à l'office de tourisme, à 2 pas de la porte Saint-Jean qui donne accès à la vieille ville. *Gratuit lun-ven, 4 € w-e, ponts et j. fériés ; camping-car 8 €.*

– **Le petit train de Provins :** *tlj mai-août, w-e et j. fériés en avr et sept-oct. Tarif : env 7 € ; réduc.* Mal aux petons ? Pas de problème, le petit train vous promène à travers la ville haute en une boucle de 30 mn, avec commentaires historiques.

Spécial personnes à mobilité réduite : la Roseraie et les spectacles sont accessibles aux personnes handicapées, mais aucun monument ne peut les accueillir.

■ **Ateliers culinaires :** *21, rue du Palais (pl. du Châtel). 06-23-63-86-84. • lestabliersgourmands.com •* Pâtissière de formation, la boss propose des cours de cuisine privés ou en petit groupe pour adultes ou enfants. Pour rester dans le thème dominant provinois : la cuisine médiévale.

Où dormir ?

De prix moyens à chic

Chambres d'hôtes Le Logis de la Voulzie : *16, rue Aristide-Briand. 06-14-02-25-10. • logisdelavoulzie.com • (chambre au rdc). Doubles 75-115 € ; familiales.* À proximité du centre historique, voici 3 jolies chambres coquettes, parsemées de meubles anciens. L'une, au rez-de-chaussée, à la déco ethnique, est accessible aux personnes à mobilité réduite. On aime la « Coquelicot », à l'étage (qui fait une suite familiale en lui adjoignant la petite « Bleuet ») et la chambre du 2d étage, agréablement mansardée et lumineuse. Attention, si toutes ont une salle de bains privée, elle se trouve dans certains cas sur le palier. Cuisine à disposition. Gentil jardin à l'arrière pour prendre le petit déj aux beaux jours, et où se trouve une petite maisonnette autonome qui donne sur la rivière. Accueil sympathique de Mme Martin et de sa compagnie : chat, poule, tortue et truites.

Chambres d'hôtes Le Clos de Provins : *4, rue des Jacobins. 06-85-80-86-45. • leclosdeprovins.com • Doubles 103-114 €. Parking.* À la retraite, Francine et Jean-Jacques adorent papoter en servant le matin un petit déj incroyablement complet : jus d'orange frais, viennoiseries chaudes, salade de fruits et confitures maison (dont un très bon confit de rose). Un repas de rois ! Les chambres, au mobilier ancien et vieilles dentelles, sont confortables, chacune avec salle de bains. En prime : un jardin devant et un autre derrière, des chaises longues sur le gazon, un frigo dans le garage, un apaisant feu de cheminée devant lequel roupillent 2 gros toutous pacifiques. Animaux acceptés !

De chic à beaucoup plus chic

Maison d'hôtes Stella Cadente : *28, rue Maximilien-Michelin. 06-10-22-88-30. • stellacadente-provins.com • Doubles 79-130 € ; suite.* La décoratrice Stella Cadente a laissé libre cours à son inspiration dans cette belle bâtisse bourgeoise posée juste au pied de la ville haute, au cœur d'un parc aux allées de buis. On grimpe à l'étage par le vieil escalier à la cage nappée d'or pour déboucher sur le blanc éthéré de la chambre « Reine des Neiges », aux centaines d'étoiles scintillant au plafond, ou sur le rouge intense et provocateur de la « Moulin Rouge ». À moins que vous ne préfériez l'univers d'« Alice au pays des merveilles »... Le confort est excellent à des tarifs plutôt raisonnables. La maison abrite aussi un bon resto-salon de thé tout aussi décalé (voir « Où manger ? »).

Le César Hôtel : *13, rue Sainte-Croix. ☎ 01-60-52-05-20. • lecesarhotel.com • Doubles env 150 € ; familiale.* Cet hôtel récent aligne des chambres douillettes, lumineuses et très design, aux tons gris et blanc, nappées de moquettes bien épaisses. Pour le clin d'œil : un luminaire épuré rappelant les lustres médiévaux, des rideaux évoquant les « cottes de mailles », une (fausse) peau de bête sur le lit... Toutes les chambres ont w-c et salle de bains (parfois étroite) séparés. Massages à la rose et gentil patio verdoyant.

Hostellerie Aux Vieux Remparts : *3, rue Couverte. ☎ 01-64-08-94-00 ou 01-64-08-95-90 (Demeure des Remparts). • auxvieuxremparts.com • Dans la ville haute. Doubles 100-300 € ; suite. Petit déj 16 €. Parking gratuit.* En plein cœur de la vieille ville, ce vaste hôtel regroupe 3 bâtiments abritant une cinquantaine de chambres assez différentes, tant en termes de taille que de déco. Certaines, séduisantes, laissent apparaître poutres et pierres vénérables, là où quelques-unes traînent encore d'anciennes moquettes. D'autres encore ont une déco assurément contemporaine. En prime : bel espace détente lumineux (piscine, jacuzzi, sauna, hammam et soins à la carte, et à la rose bien sûr !), superbe bar lounge installé dans les caves voûtées du XIIe s et restaurant de bonne tenue, le *Bistrot des Remparts (menu 32-49 €),* dont la vaste et agréable terrasse ombragée accueille le petit déj.

🏠 ***Demeure des Vieux Bains :*** *7, rue du Moulin-de-la-Ruelle. 📱 06-74-64-54-00. • demeure-des-vieux-bains.com • Congés : nov. Doubles à partir de 175 € ; familiale. Table d'hôtes (sur résa) 30 €/pers. Parking.* Plusieurs beaux bâtiments du XIIe s encadrent une grande cour avec fontaine, veillée par un délicieux jardin suspendu. Les 5 chambres et suites, thématiques, sont spacieuses et souvent meublées d'époque ; certaines ont une terrasse privée et toutes de belles salles de bains ou douche balnéo. Une manière de rappeler que cette demeure classée abritait au Moyen Âge les bains publics ! La salle, où est servi le petit déj, a d'ailleurs conservé ses voûtes et son dallage d'origine (billard et cheminée).

Où manger ? Où prendre un goûter ?

Préférez les restos de la ville basse – moins chers et de meilleure qualité –, fréquentés au long cours par les gens du cru.

|●| Les amateurs de fantaisie craqueront pour le ludique ***Banquet des Troubadours*** : *14, rue Saint-Thibault. 📱 06-70-50-08-58. • banquetdestroubadours@gmail.com • Sam et dim midi (12h) et sam soir (20h). Fermé en fév-août. 45 €/pers ; réduc.* Ici, on ripaille médiéval, sous de superbes voûtes du XIIe s, sur fond de jongleries et de ménestrels, en se costumant si l'on en a envie !

De bon marché à prix moyens

|●| ***Les Bistrophiles :*** *44, rue du Val. ☎ 01-64-01-46-94. ♿ Tlj 12h-14h, et ven-sam 19-21h. Fermé mer. Formules déj 18-22,50 € ; menus 27-32 € ; carte env 25 €.* On se sent bien dans ce petit bistrot aux casiers garnis de bons produits du terroir. L'occasion de repartir avec une bière artisanale ou un fromage local, certes ; mais on viendra surtout pour la cuisine. De la mise en bouche offerte au dessert, on garde le sourire, car c'est bon, simple et chaleureux. Et tout est fait maison, sauf le pain !

|●| ***Restaurant Rosalie :*** *7, pl. Honoré-de-Balzac. ☎ 01-60-67-62-10. Mar-sam 12h-14h15 et 19h15-22h (sauf mardi midi). Fermé dim-lun. Formules 18-23 € ; plats 14-18 €.* De nombreux Provinois viennent profiter de la terrasse aux beaux jours et de cette bonne cuisine de brasserie, sans prétention mais à tarif démocratique. Spécialité de la maison : les grillades, de plumes, de poils ou d'écailles.

De prix moyens à chic

|●| ☕ ***Il était une fois :*** *28, rue Maximilien-Michelin. 📱 06-10-22-88-30. Mer-ven 12-14h30 et 19-22h ; sam 11-15h ; dim 11-14h30, plus sam et mar 19-22h. Fermé lun, mar midi et dim soir. Menus 32-39 € ; plat 24 €.* La maison d'hôtes de la décoratrice Stella Cadente (voir « Où dormir ? ») se double d'un surprenant resto. L'été, on s'installe sur la belle terrasse gravillonnée, entre parasols et grands arbres. Le reste du temps, on se faufile dans les différentes salles du rez-de-chaussée, où surgit tout un bestiaire mis en scène sur fond baroque : un paon empaillé qui fait la roue, un oryx trophée qui touche au plafond, un sanglier taquin... Cuisine traditionnelle, servie dans une jolie vaisselle, et service décontracté.

|●| ***L'Appart :*** *37, rue du Val. ☎ 01-64-08-32-91. Jeu-sam 12h-14h et 18h45-21h45. Fermé dim-mer. Formule déj en sem 18 € ; menus 25-32 € ; carte env 30 €.* La cuisine de bistrot, concoctée avec soin selon le marché, est joliment présentée, servie avec le sourire et honorée par une belle carte des vins, triés sur le volet. Petite salle moderne et terrasse. Une valeur sûre, appréciée des locaux. Étrangeté moderne : un distributeur de plats cuisinés automatique, en cas de besoin soudain d'une moussaka ou d'un plat de lasagnes...

Où dormir ? Où manger dans les environs ?

Chambres d'hôtes chez Annick et Jean-Mary Dormion : *24, route du Perré, 77650* ***Lizines.*** *☎ 01-60-67-32-47. À 12 km au sud-ouest de Provins. Derrière l'église, dans l'ancien presbytère. Doubles 62 €.* Très enjouée, l'adorable Annick veille gentiment sur sa ferme et ses 3 chambres rustiques aux meubles anciens (une au rez-de-chaussée), avec entrée indépendante, salle de bains et TV. On a même accès à une cuisine pour se mitonner son frichti !

Chambres d'hôtes chez Christine et Jean-Claude Dormion : *2, rue des Glycines, 77650* ***Lizines.*** *☎ 01-60-67-32-56. • dormion.cpur.fr • Doubles 75 €. Gîte 4 pers.* On est là chez le frère de Jean-Mary et sa femme. 5 chambres ont été aménagées dans les dépendances de cette ancienne ferme : 2 un peu plus récentes dans le corps de bâtiment central, avec kitchenette, 3 autres de l'autre côté de la ruelle (sans voitures), avec cuisine complète. Chacune a sa salle de bains, l'ensemble est fort bien (entre) tenu et il y a même une piscine dans le jardin ! En été, on prend le petit déj dans une belle grange aménagée.

Au Bon Laboureur : *2, rue Grande, 77480* ***Bray-sur-Seine.*** *☎ 01-60-67-10-81. • aubonlaboureur.com • À 20 km au sud de Provins. À côté de la mairie. Resto tlj sauf mer et dim soir. Congés : 1 mois en juil-août et 10 j. fêtes de fin d'année. Doubles env 80 € (sdb dans la chambre, mais w-c sur le palier). Formule déj en sem 19 € ; menus 38-45 € ; carte env 35 €.* Ce petit établissement à l'ancienne est bien connu pour sa bonne cuisine traditionnelle servie avec le sourire, d'un bon rapport qualité-prix : c'est d'ailleurs vite complet et animé à midi, moins le soir. Les 9 chambres, dans un bâtiment annexe, sont simples avec salle de bains dans la chambre mais w-c sur le palier.

La Cucina : *1, rue du Bois-aux-Dames, 77650* ***Soisy-Bouy.*** *☎ 09-84-23-00-18. À 7 km au sud de Provins. Le soir, tlj sauf dim-lun 19h-22h ; le midi, seulement sam 12h-14h. Pizzas et pâtes 11-16 €.* Originaire des Pouilles, Michele sert de délicieuses pizzas généreusement garnies et des pâtes maison, plus quelques bons petits plats soignés et bien goûteux, mitonnés avec des produits bien frais. On s'est régalés à prix d'ami.

Restaurant La Croix Blanche : *2, pl. du Marché, 77520* ***Donnemarie-Dontilly.*** *☎ 01-64-60-67-86. À 18 km au sud-ouest de Provins. Tlj sauf mer 12h-13h30 et le soir du jeu au sam 19h-21h. Congés : 2 sem en fév, 2 sem en juil-août et 1 sem en nov. Formules déj en sem 31-35 € ; menus 51-73 €.* Ne vous laissez pas abuser par un nom vieille France et une façade d'auberge de campagne. C'est à l'inverse une adresse jeune et actuelle, dotée d'une déco tout en sobriété qui s'accommode à merveille des pierres apparentes, réveillées par des chaises aubergine ! À l'image du cadre, cuisine alerte et présentée avec art, qui puise son inspiration dans le terroir et les saisons en sublimant ses produits. Accueil sympa. Pour beaucoup, c'est la meilleure adresse du coin.

Où boire un verre ?

La Terrasse du Châtel : *8, pl. du Châtel. ☎ 01-64-00-01-16. Tlj sauf lun : 11h-14h et 18h-1h sauf dim soir et mar soir. Pizzas 9-15 €, formule 20,90 €. Dans la ville haute.* Installé dans une allée entre 2 vieilles maisons, ce resto-bar-lounge demeure le haut lieu de l'animation en soirée dans la cité médiévale. Ambiance vraiment sympa.

N'hésitez pas à faire escale, aussi, dans les caves voûtées du XIIe s du ***bar lounge des Vieux Remparts,*** où l'on peut grignoter une *plancha* avec son verre *(tlj 12h-minuit ; 1h le sam).*

Achats

Pâtisserie Gaufillier : *2, rue Victor-Garnier. ☎ 01-64-00-03-71. Tlj sauf lun 7h-19h15 (13h dim).* Vous ne pouvez quitter Provins sans avoir dégusté l'excellente et originale confiture à la rose de Dominique Gaufillier. *Également une chocolaterie à 2 pas, 10, rue de la Friperie (tlj sauf dim-lun 9h30-12h30, 15h-19h ; fermée juil-août).*

La Ronde des Abeilles : *3, rue des Beaux-Arts. ☎ 01-60-67-65-97. • larondedesabeilles.fr • Dans la ville haute. En basse-saison, lun-ven 13h-18h30 et 11h-19h les w-e ; sinon, tlj 11h-19h.* Pour compléter votre panier gourmand sur le thème de la rose, direction cette belle boutique pour goûter au miel et pain d'épices maison, bonbons à la rose, vinaigre, macarons et autre moutarde de rose. Près de l'entrée, jetez un œil à l'étonnant matériel d'apiculteur du XIXe s.

À voir

Soulignons le bel effort de mise en valeur du patrimoine réalisé à Provins. Spectacles, visites guidées, à l'office de tourisme on ne chôme pas ! On peut acheter le ***Pass Provins*** qui donne accès à la tour César, aux souterrains, à la grange aux Dîmes, au Prieuré Saint-Ayoul et au musée de Provins et du Provinois (valable 1 an), et propose des tarifs réduits – le jour même – pour les spectacles, la Roseraie et le petit train. *Prix : 15 € ; enfant 9 € ; tarif famille 45 € (2 adultes et leurs enfants de 5-12 ans).* Achat en ligne, à l'office de tourisme ou dans les sites concernés, sauf au musée.

JEANNE CHAUVIN, AVOCATE AU FÉMININ

Cette brillante femme, qui vécut presque toute sa vie à Provins (1862-1926), est la première Française à avoir obtenu un doctorat en droit, en 1892. Neuf ans plus tard, elle devient la première avocate de France à plaider, dans l'affaire de « l'accident de Choisy-le-Roi », qu'elle remporte. Le Figaro *de l'époque commente ainsi le procès : « aimable début. La voix n'est point mauvaise, le geste est gracieux, pas banal. (...) Peut-être l'habitude de voir des femmes à la barre viendra-t-elle au monde judiciaire ».*

– Pour découvrir le patrimoine de Provins, ***3 circuits touristiques pédestres*** ont été aménagés, avec bornes et lutrins. N'oubliez pas de demander le plan-guide à l'office de tourisme !

Il faut aborder la ville par la partie haute afin d'éprouver le choc de pénétrer sans transition dans le Moyen Âge. Au niveau de la ***porte Saint-Jean,*** l'allée des Remparts, sur la gauche, prolongée par l'allée des Lépreux, longe par l'extérieur les magnifiques ***remparts,*** jusqu'à la porte de Jouy, puis la poterne Faneron... On peut aussi suivre la muraille par un large chemin côté intérieur, avec accès à un bout de chemin de ronde, mais l'impression n'est pas aussi saisissante.

La porte de Jouy est l'une des plus belles de la ville. Démolie en 1733, restaurée, elle a retrouvé l'aspect qu'elle avait au XIIIe s, et l'on peut désormais y grimper pour admirer la campagne à perte de vue !

Au no 3 de la rue de Jouy, le ***caveau du Saint-Esprit,*** salle basse de l'ancien hôpital du Saint-Esprit, fondé en 1177 pour accueillir pèlerins, pauvres, enfants et vieillards, ne se visite que pendant les Journées du patrimoine. Le coin est sillonné de tranquilles ruelles pleines de charme ; on y découvre même de grandes fermes en pleine ville !

La grange aux Dîmes : *rue Saint-Jean. Avr-août, tlj 10h-18h ; sept-début nov, tlj 14h (10h le w-e)-18h ; nov-mars, seulement w-e et j. fériés et tlj pdt les vac scol (ttes zones) 14h-17h. Fermé 1er janv et 25 déc. Entrée : 4,30 € ; réduc. Accessible avec le Pass Provins. Audioguide gratuit (35 mn).* La magnifique halle voûtée de cette bâtisse du XIIe s servit longtemps de local commercial et de lieu d'hébergement pour les marchands, sa cave monumentale étant utilisée pour le stockage des marchandises. Une sorte de caravansérail, donc ! Ce n'est qu'à partir du XVe s que le lieu devint entrepôt des dîmes. Son passé commerçant est le prétexte à une visite ludique sur le thème des foires de Champagne, illustré par une dizaine de reconstitutions représentant, avec des mannequins en costume d'époque, les différents corps de métiers du Moyen Âge : marchands, changeur et écrivain public, potier, tailleur de pierre, parcheminier... À vrai dire, l'intérêt réside surtout dans les commentaires passionnants de l'audioguide : une excellente façon de se faire une idée de la vie de Provins au temps des grandes foires médiévales.

La place du Châtel : encadrée de tilleuls et plantée d'un vieux puits, elle accueillit les grandes foires de Champagne. De belles demeures l'entourent, notamment, à l'angle de la rue Couverte, la *maison aux Quatre Pignons.*

La tour César : *rue de la Pie. Avr-nov, tlj 10h-18h ; le reste de l'année, 11h-17h le w-e et jours fériés et 14h-17h en sem ; dernier accès 15 mn avt. Entrée : 4,30 € ; réduc. Accessible avec le Pass Provins. Visite env 30 mn.* Ce superbe donjon du début du XIIe s comporte ***3 niveaux :*** une enceinte ronde à la base, construite par les Anglais pendant la guerre de Cent Ans ; le corps du donjon, de forme carrée et flanqué de tourelles d'angle ; enfin, l'étage supérieur de forme octogonale, dont le toit a été ajouté à la fin du XVIIe s. Symbole de l'autorité des comtes de Champagne, l'édifice servit aussi de tour de guet, de prison et de refuge. Après avoir détaillé une maquette du site, on grimpe vers la vaste salle de garde où passe une vidéo projetée sur les murs racontant le rayonnement de la cour de Champagne. On grimpe ensuite l'un des escaliers les plus étroits de France pour arriver sous les combles : admirez la charpente de bois, qui ne laisse pas de marbre. On y trouve les cloches que l'église Saint-Quiriace lui a léguées après avoir perdu son clocher en 1662. De là ou, mieux encore, du niveau inférieur, le panorama sur la ville est splendide.

La collégiale Saint-Quiriace : *pl. Saint-Quiriace. Tlj 9h30-19h (18h hors saison).* Débutée en 1157, la construction se prolongea au XIIIe s, mais le déclin des foires de Champagne la laissa inachevée : elle aurait dû se prolonger sur la place. Un incendie, en 1662, acheva de la mutiler. Le dôme fut rebâti dans la foulée – pour la petite histoire, les habitants nés en ville haute étaient appelés les « enfants du dôme ». L'intérieur est plus majestueux, avec un triforium (galerie en hauteur autour du chœur) dont les arcs en plein cintre révèlent la transition vers le gothique.

Musée de Provins et du Provinois : *7, rue du Palais. ☎ 01-64-01-40-19. Fév-nov, tlj 12h-17h30 (11h-18h30 de mi-juin à mi-sept) ; en hiver, w-e, j. fériés et tlj pdt les vac scol (zone C) 12h-17h30 ; dernier accès 30 mn avt. Fermé dernier dim d'août (fête de la Moisson) et 2 sem pdt les vac scol. Entrée : 5€ ; réduc. Accessible avec le Pass Provins.* À 2 pas de la collégiale, le musée, installé dans une maison romane parmi les plus anciennes de la ville, abrite des collections intéressantes quoiqu'un peu disparates : ensemble lapidaire au sous-sol (dont sarcophages mérovingiens), mobilier et arts décoratifs des XVe-XIXe s au rez-de-chaussée et au 1er étage, art sacré au 2d (avec une très rare icône trinitaire du XVe s et une chasuble dite de « saint Edme » du XIIIe s). Au 1er étage les amateurs de frissons s'arrêteront devant l'*instrument à rompre* – au milieu d'une petite collection d'armes anciennes – utilisé par le dernier bourreau de Provins pour casser les membres des condamnés au supplice de la roue. Superbes : les 3 bouches à eau en bronze du XIIe s, à têtes de chiens, ou loups, ou les 2, provenant de la fontaine de l'hôtel-Dieu.

LE TOUR D'ABANDON

Il s'agit d'une caisse ronde pivotant sur un axe, genre guichet à colis des bureaux de poste, jadis installée aux portes des couvents. On y déposait les bébés abandonnés. Les « colis » étaient récupérés de l'autre côté. Le musée de Provins et du Provinois en possède encore un, qui fut utilisé jusqu'en 1859 ! En 5 ans, pas moins de 1 258 bébés y furent déposés...

La rue Saint-Thibault, bordée de demeures intéressantes et se perdant en adorables venelles herbues, mène à la ville basse. Là se dresse l'***hôtel-Dieu,*** ex-palais des comtesses de Blois et de Champagne (XIIe s), reconverti en centre d'accueil pour pèlerins venus vénérer les reliques de Saint-Ayoul. Les marchands étrangers y résidaient aussi pendant les foires. Le lieu est fermé à la visite, mais on peut voir sa salle basse voûtée mi-romane mi-gothique en visitant les souterrains de la ville (voir ci-après).

Les Souterrains : *rue Saint-Thibault. Accès par la salle basse de l'hôtel-Dieu. Se renseigner sur l'ouverture à l'office de tourisme ; a priori, ouvert que les w-e en basse-saison. Entrée : 4,50 € ; réduc. Accessible avec le Pass Provins. L'accueil n'ouvre que 10 mn env avt le départ des visites. Conseil : réservez votre créneau à l'office de tourisme dès votre arrivée, ou dans les autres monuments vendant le Pass Provins. Et prenez une petite laine en été : il fait en moyenne 12 °C ici !* Un réseau inextricable de galeries creusées par l'homme au Moyen Âge a transformé le sous-sol de Provins en véritable gruyère. Exploité à l'origine comme carrière pour la construction des monuments, ce dédale d'alcôves en quinconces et de couloirs, plus ou moins interconnectés, a ensuite été réutilisé pour entreposer vin et marchandises. La preuve ? Les noms des dépositaires (et même un inventaire de bouteilles !) gravés sur les parois de craie... Les francs-maçons se sont aussi réunis ici : les candidats à la loge de Provins y passaient 12h dans le noir avant d'émerger à la lumière du jour, symbolisant le passage de l'ignorance à la connaissance. Après 200 m sous terre, on ressort par

LE BLASPHÈME EST AU COIN DE LA RUE

Au Moyen Âge, les sanisettes n'étant pas inventées, les passants avaient la fâcheuse habitude d'uriner sur les murs. Pour les en dissuader, certains propriétaires peignaient des croix au bas de leur maison. Les blasphémateurs étaient alors passibles du pilori.

une 2de belle cave voûtée (magasin du XIIIe s), comme il en existe encore 150 en ville haute.

La Roseraie : *11, rue des Prés. ☎ 01-60-58-05-78. Avr-mi nov, tlj 10h-19h30 ; mi nov-fin mars, ven 14h-18h et sam-lun 10h-18h. Fermé mar-jeu. Entrée : 7 € (tarif réduit selon floraison en basse saison) ; gratuit moins de 12 ans. Visite guidée sur résa pour les groupes ; sinon, visite libre.* Dans un charmant écrin de verdure de 3 ha, dominé en toile de fond par les monuments de la vieille ville, la Roseraie regroupe plus de 500 variétés joliment mises en scène. Bruno, le boss, n'est pas avare de bons conseils pour les jardiniers en herbe. En voici un : venez en priorité en mai-juin, au pic de la floraison ! Agréable **boutique de déco-salon de thé** avec terrasse et feu de cheminée, à l'entrée du parc, proposant thé à la rose et glaces au parfum de... « pétales de rose » ! Au fait, le saviez-vous ? Les armées napoléoniennes se fournissaient en pétales de rose de Provins pour traiter les hémorroïdes de leurs cavaliers et soldats !

LA VIE EN ROSE

On redécouvre la rose de Provins pour ses propriétés médicinales : confit et sirop facilitent la digestion ; en lotion, elle assainit et purifie la peau ; en version sucre d'orge, elle adoucit la gorge... La rose est fortement associée à la créativité gourmande provinoise : à côté du confit de rose et des bonbons traditionnels, vous trouverez du miel, des chocolats, de la liqueur, des pâtes de fruits, des glaces ou encore du vinaigre à la rose...

L'église et le prieuré Saint-Ayoul : *pl. Saint-Ayoul. Avr-août, tlj 10h-18h ; sept-oct, w-e 10h-18h, sem 14h-18h ; nov-mars, seulement w-e et j. fériés et tlj pdt les vac scol (ttes zones), 14-17h. Entrée : 4,30 €, audioguide inclus.* Le sanctuaire fut à l'origine du développement de la ville basse au XIe s, après la découverte d'un sarcophage contenant les restes supposés de Saint-Ayoul – qui attirèrent bientôt en ville de nombreux pèlerins. Son culte se répandit et fut très vite lié aux foires de Champagne. Étrange ensemble à vrai dire... D'un côté, l'**église** présente un portail assez abîmé greffé d'un trumeau moderne par le sculpteur Georges Jeanclos, des vitraux contemporains et, dans le bas-côté droit, les boiseries de l'ancien couvent des Cordeliers (1650). Une entrée séparée permet d'accéder au **cloître** et, tout au fond, à la belle **salle capitulaire** (XIIe-XIIIe s) et à un morceau séparé de l'église. Pourquoi séparé ? Parce que les bénédictins et la paroisse se disputèrent longtemps l'édifice, coupé en 2 par un mur en 1527 pour mettre fin aux querelles ! On découvre donc là le transept roman et les chapelles rayonnantes du chevet. Sur les différentes structures juxtaposées au fil du temps, on peut voir des enduits peints médiévaux aux motifs colorés, une grande représentation du Christ (blond !) et, au-dessus de l'arche principale, 2 loups. Une partie des soubassements anciens a été mise au jour.

Juste au nord (par la rue Notre-Dame) s'élève la **tour Notre-Dame-du-Val,** dernier vestige d'une ancienne collégiale (ne se visite pas). Son portail royal (XVIe s), qui enjambe la rue, a été restauré.

Fêtes et manifestations

On vient également à Provins pour les nombreux spectacles et fêtes qui jalonnent la vie de la cité durant la belle saison. **Important :** le *Pass Provins* donne droit à des réductions.

– **Chasse aux œufs de Pâques :** *dim et lun de Pâques. GRATUIT.* Pour les moins de 12 ans, chaque année à Pâques, des milliers d'œufs sont cachés dans la ville ! Une carte au trésor est disponible à l'office de tourisme.
– **Les Médiévales de Provins :** *ts les ans, un w-e en juin. Rens : ☎ 01-64-00-39-39 ● provins-medieval.com ● ou auprès de l'office de tourisme.* **L'un des grands**

événements annuels : 100 000 visiteurs, 1 000 personnes costumées lors du défilé...

– ***Spectacle « La Légende des chevaliers » :*** *tour aux Pourceaux. ☎ 01-60-67-39-95. • equestrio.fr • Avr-sept, à 14h30 en sem (15h en juil-août), 15h45 les w-e et j. fériés ; oct, seulement le w-e. Infos et tarifs sur le site. Durée : 45 mn.* Mais quel est ce vil chevalier qui ose chercher noise à notre bon et splendide Thibaud de Champagne et à sa douce Blanche ? Chevaux harnachés, costumes d'époque, combat d'épées et huées de la cour de Champagne (et des spectateurs) animent ce spectacle vivant et drôle.

© RIEGER Bertrand / hemis.fr

– ***Spectacle « Les Aigles des remparts » :*** *à la porte de Jouy. ☎ 01-60-58-80-32. • vollibre.fr • Tlj avr-début nov. Infos et tarifs sur le site. Durée : 50 mn.* En plus du spectacle, présentation, à l'attache dans les abris, de nombreux rapaces. Vautour, grand-duc, milan, caracara, buse féroce, aigle royal... et impérial : ils sont tous là. Sur fond de musique classique ou d'opéra, ils exécutent pour vous leurs vols majestueux ou acrobatiques, en vous frôlant éventuellement les oreilles... Chevaux et ânes complètent le tableau. Visite libre des volières après le spectacle.

– ***Les Lueurs du Temps :*** *1er sam de juil et d'août.* La ville et son donjon sont illuminés de milliers de bougies. Ambiance musicale, notamment place du Châtel et à la Roseraie, spectacle équestre nocturne et animations de rue... L'office de tourisme propose aussi des visites nocturnes et promenades contées.

– ***Les ripailles de Saint-Ayoul :*** *un sam soir en juil.* Rôtisseurs et ripailleurs invitent à savourer leurs mets place Saint-Ayoul. Pour leur tenir compagnie : conteurs et cracheurs de feu. Une fête familiale très appréciée des locaux.

– ***Fête de la Moisson :*** *le dernier w-e d'août (prélude la veille). Tarif : 10 € (gratuit moins de 12 ans) ; Pass Provins (17 €).* Une vieille tradition française ravivée à Provins avec défilé de chars, parade et danses folkloriques pour fêter l'ultime récolte de l'année. Un joyeux mélange de traditions et d'animations contemporaines : chars décorés de blé, danses folkloriques, battage à l'ancienne, concerts de jazz et fête foraine. C'est la seule fête de la moisson qui se déroule non pas dans les champs mais en ville, comme autrefois.

– ***Fête de la Niflette :*** *le 11 nov, en ville basse (rue du Val).* Vous ne connaissez pas la niflette ? Une spécialité locale, tartelette feuilletée à la crème pâtissière, aromatisée ou non à la fleur d'oranger. On apprend à la cuisiner avant la dégustation.

– ***Noël à Provins :*** *pdt le 2e ou 3e w-e de déc. Dans la collégiale Saint-Quiriace, au cœur de la cité médiévale.* Crèche vivante, marché médiéval... spectacles gratuits.

Randonnées pédestres

L'office de tourisme de Provins édite de petits dépliants très bien faits décrivant une ***soixantaine de circuits de randonnées*** entre 7 et 17 km pour découvrir les lieux insolites de Provins et de sa région (téléchargeables sur le site de l'office de tourisme). On vous en suggère 3 parmi d'autres :

➢ ***« La balade Street Art » :*** *circuit dans le centre-ville. Durée : 2h sans les arrêts.* Du classique au moderne : une rencontre insolite entre le patrimoine de la cité médiévale et l'artiste français de street art C215, alias Christian Guémy. On découvre 21 portraits de personnalités ayant eu pour la ville une importance particulière : Proust, Louis XIII, Hugo, Jeanne Chauvin... Demandez la brochure à l'office de tourisme ou au point info à la gare.

➢ ***« Sur les coteaux de la Voulzie » :*** *circuit en boucle de 14 km. Durée : 4h sans les arrêts. Départ et retour à l'office de tourisme de Provins.* Il s'agit d'une rivière dont le cours fut détourné au XIIIe s afin de drainer les eaux et les marais alentour. Attention, quelques pentes glissantes par temps humide. N'oubliez pas vos jumelles.

➢ ***« Aux sources de la Vicomté » :*** *circuit en boucle de 17 km. Durée : 4h sans les arrêts. Départ et retour pl. de l'Église, à Sourdun, à 5 km au sud-est de Provins.* On passe devant la chapelle Saint-Hubert, où autrefois on ne manquait pas de verser son obole tant la région était réputée dangereuse, on frôle Provins, avant de continuer vers Saint-Brice, dont les eaux de la source délient les langues des enfants (on ne sait pas si c'est toujours le cas !) et de revenir par la campagne à Sourdun.

DANS LES ENVIRONS DE PROVINS

Dans le grand Provinois, la Brie se révèle moins plate et monotone qu'on l'imagine souvent. Là, entre champs, bois et rivières, sont dispersés des villages tranquilles et quelques sites incontournables. Demandez à l'office de tourisme les guides (gratuits) du Provinois, de la Bassée-Montois et des Deux Morin.

Saint-Loup-de-Naud : *par la D 106, à 7 km au sud-ouest.* Proust, Colette, Virginia Woolf, Francis Poulenc ont tous été inspirés par ce gentil village, dont les maisons se blottissent sur une colline, enserrant la vénérable *église du prieuré (tlj 9h-19h ; 18h en hiver).* Du XIIe s, elle possède un remarquable portail sculpté représentant le Christ en majesté au tympan, 8 des apôtres sur le linteau et des scènes de la vie de saint Loup sur les voussures. Les statues-colonnes représentent les saints Pierre et Paul, le roi Salomon et la reine de Saba, Isaïe et Jérémie. Ancien et Nouveau Testaments mélangés, donc. À l'intérieur, ne manquez pas les fonts baptismaux du XIIIe s.

Village de Saint-Loup-de-Naud

Le musée vivant du Chemin de fer – AJECTA : *rotonde des locomotives, rue Louis-Platriez, 77650* ***Longueville*** *(à 7,5 km au sud-ouest de Provins). ☎ 01-64-08-60-62. • ajecta.org • Mai-oct, sam-dim et j. fériés 10h30-18h ; nov-avr, dim 13h-17h. Entrée : 6 € en visite guidée ; 4 € en visite libre. Animations et sorties en train à vapeur juin-déc : téléphoner ou consulter le calendrier sur leur site.* Une dizaine de locomotives à vapeur, bichonnées avec amour par les bénévoles de l'Association de jeunes pour l'entretien et la conservation des trains d'Autrefois (AJECTA), attendent sagement les beaux jours dans leur rotonde en bois et brique de 1906 (classée Monument historique) pour faire une de leurs rares sorties. Rame *Paris-Saint-Germain* de 1837, wagon-restaurant du *Train Bleu,* wagon de *La Flèche d'Or* ou loco de *L'Orient-Express...* La collection s'étale sur 150 ans d'histoire ferroviaire. Même à l'arrêt, ces monstres d'acier restent des plus impressionnants et méritent largement une visite. Un musée pas comme les autres qui nous a vraiment séduits par son caractère vivant et ses passionnés... plein d'entrain.

Le musée de la Vie d'autrefois : *chemin de Frilure, aux* ***Ormes-sur-Voulzie,*** *14 km au sud de Provins. ☎ 01-60-58-72-07. • museedelaviedautrefois.com • Tlj sauf lun 9h30-19h (dernière entrée à 17h30). Entrée : 15 € ; réduc ; forfait famille (2 adultes et 2 enfants) 47 €. Resto le midi : formule 17 € en sem (fermé lun).* Impressionnant ! Ce musée privé, fondé par Mme De Witt qui fut commissaire-priseur spécialisée dans l'art populaire, replonge le visiteur dans la France rurale des années 1800 à 1950, à travers 101 scènes de la vie quotidienne reconstituées. Tout y est : la vieille école, le maréchal-ferrant, le vannier, la boutique de jouets, le barbier (au salon racheté en entier !), la boulangerie (au très beau plafond récupéré à Bray-sur-Seine), le chapelier, etc. L'audioguide (inclus) fournit pléthore d'infos intéressantes et d'anecdotes qui rendent vivant ce fantastique bric-à-brac constitué de plus de 60 000 objets patiemment accumulés, répertoriés et classés. À la fin du parcours, voir la maison de la sorcière avec ses objets rituels (authentiques).

L'église et le cloître de Donnemarie-Dontilly *(labellisé « village de caractère ») :* *à 18 km au sud-ouest de Provins.* Si le grand portail de cette église du XIIIe s est assez abîmé, on découvre avec plaisir, côté nord, un cloître du XVe s à demi préservé *(tlj 9h-17h ; GRATUIT).* Un petit jardin médiéval l'occupe désormais, avec 12 parterres évoquant les apôtres et les mois de l'année.

L'église Saint-Éliphe de Rampillon : *à 19 km à l'ouest de Provins, sur la D 62 ; on l'aperçoit depuis la D 619 en retournant vers Paris. • eglise-rampillon.fr • Pâques-Toussaint, ouv dim et j. fériés 15h-18h30 ; sinon, demander les clés à la mairie, lun-mar et jeu 13h30-16h30, ven 17h30-19h.* Probablement l'un des plus beaux portails sculptés d'Île-de-France, remarquablement conservé. Il date du XIIIe s. On peut remarquer, sur le tympan, le Christ en gloire, et, sur le linteau, la Résurrection des morts. Dans les ébrasements, les statues des 12 apôtres.

Donnemarie-Dontilly

La Maison de la réserve naturelle de la Bassée : *1, rue de l'Église, 77114* ***Gouaix.*** *11 km environ au sud de Provins. ☎ 01-64-00-06-23. 📱 06-50-25-89-16. • reserve-labassee.fr • Lun-ven 9h-12h, 14h-18h. Demander le petit guide des balades.* Point d'ancrage du plus grand espace naturel protégé d'Île-de-France, qui occupe 850 ha et s'étend sur 7 communes situées en amont de Bray-sur-Seine. Forêts alluviales, prairies humides et roselières constituent ses milieux naturels les plus remarquables. Des espèces intéressantes peuvent s'y rencontrer, comme la pie-grièche écorcheur ou le faucon hobereau. ➢ ***2 sentiers de découverte*** s'offrent à vous, l'un sur la commune de Gouaix (« La Clocharde », boucle de 2 km) et l'autre sur Neuvry (« Bois Prieux », boucle de 3,7 km). Au niveau de Neuvry, on trouve un observatoire à oiseaux : n'oubliez pas vos jumelles pour les apercevoir. Des visites thématiques guidées organisées par les animateurs de la réserve naturelle sont possibles à la demande.

© AGRENABA

Réserve naturelle de la Bassée

FONTAINEBLEAU ET BARBIZON

L'immense poumon vert qu'est la forêt de Fontainebleau (22 000 ha, soit 2 fois et demie la surface de Paris) déroule son réseau dense de sentiers et de chemins, au fil d'un paysage patiemment modelé par l'érosion, aux nombreux mamelons et chaos gréseux (certains rochers atteignent ici jusqu'à 20 m). Un vrai paradis pour les *Bleausards* (grimpeurs) et randonneurs à pied, à vélo ou à cheval. Au total, plus de 230 parcours d'escalade, 500 km de balades balisées et 1 000 km de routes forestières ! C'est la deuxième plus grande forêt domaniale de France. Classée réserve de biosphère par l'Unesco, elle héberge plus de 200 espèces d'oiseaux et environ 1 400 espèces d'arbres et de plantes. Si le chêne domine, on trouve aussi beaucoup de pins sylvestres (introduits au XIXe s), des hêtres, bouleaux, châtaigniers, alisiers, charmes, etc. Parmi les 54 espèces de mammifères répertoriés, on peut espérer croiser des cerfs, daims, sangliers, écureuils...

FONTAINEBLEAU (77300) 16 340 hab.

C'est une oasis dans la forêt : une trouée urbaine aux ampleurs royales, grandie dans le sillage de son fastueux château, entre les murs duquel se sont succédé toutes les dynasties ayant régné sur la France. Pourquoi ici ? Pour la chasse, pardi ! Et parce que Bleau, le chien de Louis IX, aurait découvert la source qui lui a donné son nom...

Dans un environnement de sable assoiffé, cette fontaine-miracle permit de ceinturer le château fort initial de douves, puis de développer de magnifiques jardins. Par la suite, les nobles se firent construire des résidences à proximité, puis les militaires s'installèrent, avec leur cavalerie. Des administrations et des écoles suivirent. De nos jours, Fontainebleau a la réputation d'être tranquille, bourgeoise et même un peu figée sur son histoire. Les nombreux commerces, la vie étudiante et les festivals tendent à dynamiser le rythme d'une ville toujours à cheval sur... l'équitation, entre l'hippodrome de la Solle, le stade équestre du Grand Parquet, les poney-clubs et les concours hippiques.

MADEMOISELLE MUSIQUE

Son histoire est liée à celle de Fontainebleau : Nadia Boulanger (1887-1979), pianiste, compositrice et professeure de musique, a formé quelques 1 200 élèves, dont les plus grands : Leonard Bernstein, Vladimir Cosma, George Gershwin, Philipp Glass, Quincy Jones, Michel Legrand... Ils sont tous passé par « la Boulangerie ». Celle qu'on surnommait « Mademoiselle » a travaillé au Conservatoire américain de Fontainebleau dès sa création, en 1921, jusqu'à sa mort en 1979 ; elle en était entre temps devenue la directrice en 1948. En avant la musique !

Adresses et infos utiles

Fontainebleau Tourisme : *4 bis, pl. de la République. ☎ 01-60-74-99-99. • fontainebleau-tourisme.com • Lun-sam 10h-18h ; dim et j. fériés 10h-13h (plus 14h-17h30 mai-oct). Visites guidées de la ville : 15 € ; réduc.*

Intéressant guide promenades en forêt (3 €). Vente de cartes IGN, de guides promenade en forêt et d'escalade, livres et souvenirs locaux. Accueil charmant et compétent. Conseils sur les visites guidées de la ville pour toutes sortes d'activités : promenades en forêt, pistage d'animaux sauvages, initiations à l'escalade, visite de l'École militaire d'équitation, etc. En revanche, les réservations se font sur le site.

***Location de vélos :** **À la Petite Reine,** 14, rue de la Paroisse. ☎ 01-60-74-57-57. • alapetitereine.com • Tlj sauf lun 9h-19h30 (18h dim et j. fériés) ; également le lun début avr-sept 10h-18h. Aussi auprès de **Bow Cycles,** gare de Fontainebleau-Avon. 07-71-62-86-04. • blowcycles.com •* VTT et VTC. Le 2d propose des *fatbikes,* excellents sur les pistes sablonneuses.

■ ***Stationnement :*** si tout est payant dans le centre, on peut se ***garer gratuitement*** au sud du parc du château, av. des Cascades de part et d'autre du feu et, plus difficile à trouver, av. de Maintenon, une ruelle pavée de guingois qui mène à l'École militaire d'équitation avec entrée directe dans les jardins par la grille de Maintenon *(9h-17h, 18h mars-avr et oct, 19h mai-sept)* ; on y accède depuis la D 606 en venant de l'est, peu avant l'obélisque. Autre option : le parking près de la piscine de la Faisanderie, à 10 min du centre.

– ***Application de l'ONF « balade branchée » :*** gratuite, elle propose des balades enrichies de contenus audio, photo, vidéo. Autre appli de qualité : ***Cirkwi,*** qui suggère des balades à pied ou à vélo au départ des gares de la région.

Où dormir ?

Plus chic

Chambres d'hôtes Demeure Les Aiglons : *25, rue Royale. 06-07-70-82-77. • demeurelesaiglons.com • Doubles 110-260 €.* La porte de cette vaste demeure (340 m²) joliment rénovée, datant du tout début du XIXe s, s'ouvre sur une perle : une piscine-écrin encadrée de ses murs. On prend le petit déj sur son flanc (ou dans le salon familial), avant de regagner l'une des 4 belles chambres (3 avec cuisine) situées dans les étages – fort bien tenues par l'accueillante Perrine. Si toutes sont spacieuses, les 2 du 2e étage sont carrément gigantesques (40 et 70 m²). Situées sous la charpente, elles dégagent un charme indéniable, avec fenêtres côté jardin et velux côté rue.

Hôtel Victoria : *112 et 122, rue de France. ☎ 01-60-74-90-00. • hotelvictoria.com • Congés : 25 déc-début janv. Doubles 100-180 € ; petit déj 14 €. Parking 12 €/j.* George Sand et Alfred de Musset y avaient leurs habitudes dans les années 1830. Ils avaient bon goût ! Les 2 bâtisses, reliées par un grand jardin, adoptent aujourd'hui une déco résolument contemporaine, tout en conservant de beaux parquets. Le confort est bon, et l'on a accès au vaste jardin ainsi qu'au café très agréable. Une adresse de choix, où vous serez accueilli avec gentillesse. Vélos en prêt.

Hôtel de Cavoye : *6, rue d'Avon. ☎ 01-60-70-20-00. • hoteldecavoye.fr • Doubles 200-300 € ; suites.* Installé dans d'anciens bâtiments royaux attenants au château et à ses jardins, ce boutique-hôtel abrite 27 chambres fort élégantes, et épurées. Bois blanc, parquet clair, grandes douches vitrées, le look est assurément contemporain et le confort abouti (avec clim). Les suites ont une terrasse. Pour ne rien gâcher, le restaurant *Gina* sert une fort belle cuisine, avec un menu « végétal » qui fait entrer les légumes dans la gastronomie par la grande porte !

Où manger ?

De bon marché à prix moyens

L'Hirondelle : *49, rue de France. ☎ 01-64-22-23-29. Tlj midi-14h et 19h-22h sauf dim soir-lun. Carte env. 7-17 €.* Ici, des vraies galettes réalisées à partir de farine bio bretonne, et servies avec un excellent cidre artisanal. Celles aux Saint-Jacques flambées, spécialité de la maison, sont tout simplement divines, et ça se sait : mieux vaut réserver, même le midi en semaine.

Le Bacchus : *4, rue de Richelieu. ☎ 01-60-71-10-29 ou 01-64-22-26-46. Tlj 12h-14h et 19h21h, sauf dim soir-lun et mer midi. Plats 16,50-29,50 €.* La petite salle de bistro convient parfaitement à l'accueil affable de brasserie et à la cuisine généreuse, qui fait la part belle aux viandes – bavette, onglet, tartare, entrecôte du boucher, andouillette, canard confit... Quelques salades et poissons complètent le menu avec aussi, en entrée, un remarquable saumon gravelax mariné à l'aneth et aux baies roses. Terrasse sur rue et beau choix de vins.

La Petite Ardoise : *16, rue de Montebello. ☎ 01-64-24-08-66. Tlj 12h-14h et 19h-22h sauf dim-lun. Fermé 1er janv et 25 déc. Formule déj en sem 22 € ; menu 36 € ; plats 20 €.* Dans la rue des restos, voici une adresse de qualité, une valeur sûre, tenue par une jeune équipe fort sympathique, qui propose une cuisine fraîcheur, goûteuse et inspirée. Certains plats sont proposés en entrée ou en « petits plats » : une bonne idée pour les appétits à géométrie variable. Service efficace et souriant. Terrasse couverte sur la ruelle. Volonté affirmée de mettre en avant les producteurs locaux.

Il Primo Bacio : *3, rue de Montebello. ☎ 01-60-72-74-36. Tlj 12h-14h et 19h-22h30. Résa conseillée. Plats 11-21,50 €.* Un vrai italien qui fait vite le plein. Les locaux comme les visiteurs de passage ne s'y trompent pas : pizzas généreuses, beau choix de pâtes et salades, tout est fait maison avec des produits frais, et la carte est modulée tous les jours. Le service, parfois sportif vu l'affluence, est jeune et dynamique.

Chez Démé : *41, bd Magenta. ☎ 01-60-57-78-03. Mer-dim 12h-14h30 et 19h-22h30 ; fermé lun-mar. Pizzas 11-22 € ; plats 14-21 €.* Le patron, Démétrio, a connu son heure de gloire dans les compétitions de pizzaiolo. Le voilà maintenant aux commandes de cette pizzeria transalpine, bien située face au château. Pas de déco extravagante dans cette grande salle lumineuse avec banquette et murs-miroirs ; on vient pour les pizzas boursouflées qui sortent du *superforni,* déclinées en 4 pâtes (classique, *chia,* céréales ou sans gluten). Belle brochette de *pastas* et d'*insalatas.* Une adresse qui nous Botte !

Très chic

Fuùmi : *39, rue de France. ☎ 01-60-72-10-32. Tlj sauf dim-lun. Menus 17-25 € le midi, menu le soir 42 €. Plats 22-32 €.* Ce jeune restaurant n'est autre que l'annexe du très chic et gastronomique *Axel,* situé juste à côté. Il partage avec lui un authentique chef japonais, qui jongle avec les meilleurs produits du pays du Soleil-Levant. Résultat : une cuisine divine d'un rapport qualité-prix inégalé si vous prenez le menu du midi. Et si vous vous demandez à quoi sert cette pastille posée à côté des assiettes, attendez que la serveuse y verse un peu d'eau : et hop, voilà votre serviette qui surgit ! Réservez, il n'y a que 6 tables devant, une terrasse à l'arrière et quelques places au bar. Génial.

Où dormir ? Où manger dans les environs ?

Camping et auberge de jeunesse

Fontainebl'hostel : *14, pl. de la République (entrée rue des Sœurs), 77760* ***La Chapelle-la-Reine.*** *☎ 01-78-90-12-90. • fontaineblhostel.com • À 15 km au sud-ouest. Nuitée en dortoir de 4-12 pers 33,50 €/nuit (draps fournis), 25,50 € à partir de la 2e nuit ; 50 % de réduc moins de 12 ans. Nuit en tente 17 €/pers.* Tenue par Patrick, un sympathique Franco-Allemand, cette grande maison de village, véritable auberge espagnole, accueille tous les grimpeurs, randonneurs et cavaliers qui viennent profiter de la forêt voisine. Dortoirs avec sanitaires impeccables, cuisine équipée à dispo, grande cour intérieure pour se poser au soleil, beau verger au calme pour planter la tente à l'arrière : tout est parfait. Patrick propose même une navette *(5-8 €)* pour rejoindre Fontainebleau et les sites d'escalade.

Prix moyens

Chambres d'hôtes La Courtilière : *16, rue du Closeau, dans le hameau de Meun, 77760* ***Achères-la-Forêt.*** *☎ 01-64-69-88-41. 📱 06-70-98-87-21. • lacourtiliere.com • À env 10 km au sud-ouest par la D 152 et la D 63. Double 80 €. Table d'hôtes sur résa 28 €.* Face à leur grande maison typique donnant sur une belle cour intérieure pavée et un jardin clos, on trouve 3 chambres dans une maisonnette indépendante, avec salon commun cosy (cheminée, bouquins) et salles de bains privées. Elles sont confortables, colorées, accueillantes. Les familles choisiront celle équipée d'une micromezzanine. Et quitte à être là, profitez-en pour visiter l'*écomusée du Closeau,* juste à côté, créé par un couple d'anciens agriculteurs passionnés qui ont rassemblé des objets des métiers d'autrefois.

Où faire une pause sucrée ?

Frédéric Cassel : *21, rue des Sablons. ☎ 01-60-71-00-64. Mar-sam 10h-19h, dim 10h-13h ; fermé lun.* Il y a les chocolats pour vous tenter en vitrine et, à l'arrière, un salon de thé étroit pour une pause gourmande. Pointure de la pâtisserie, Cassel a essaimé jusqu'à Tunis et Tokyo ! Pas facile de trouver une place aux heures de pointe. La maison-mère, où l'on peut commander des pâtisseries à emporter, est à 5 min *(71, Rue Grande ; ☎ 01-64-22-29-59).*

Elemiah : *10, rue des Trois-Maillets. ☎ 09-81-41-47-65. Mar, mer, sam 8h30-19h, jeu, ven 8h30-19h30 ; dim 11-16h30. Fermé le lun. Petit-déj 6-10 €, plats véganes 16-17 €.* Une ambiance relax, cosy et même anglo-sexy dans ce salon de thé alternatif du centre. On s'installe sur des canapés moelleux comme la part de gâteau végane qu'on s'apprête à déguster, en sirotant un thé fumant ou un café aux nombreuses variations. C'est aussi un lieu idéal pour bosser. Ça change des bars bruyants...

À voir

Le Musée national du château de Fontainebleau : « Vraie demeure des rois, maison des siècles » (disait Napoléon), le château actuel se compose d'une série d'édifices construits par adjonctions successives du XVIe au XVIIIe s (et d'un donjon antérieur). Cependant, dès le XIIe s, Fontainebleau fut résidence de chasse royale. Durant près de 8 siècles, pas moins de 36 souverains y ont séjourné à l'automne pour courir la forêt et traquer le gibier... C'est à François Ier que l'on doit l'essentiel du palais actuel, ainsi que la célèbre galerie ornée par

© RIEGER Bertrand / hemis.fr
Le château et son escalier du «Fer à cheval»

Rosso. L'escalier dit du « Fer-à-cheval » date, lui, de Louis XIII – qui fut d'ailleurs baptisé ici. Louis XV y célébra son mariage avec Marie Leszczynska. Plus tard, Napoléon fit aménager une salle du Trône, en toute modestie.
Le « château » de Fontainebleau est en réalité un palais colossal, dont les 1 530 pièces se déploient au cœur d'un domaine de 130 ha de parc et jardins. On y pénètre traditionnellement par la cour d'honneur, appelée communément « cour des Adieux » : c'est là que, le 20 avril 1814, l'Empereur défait tira sa révérence devant la garde impériale en pleurs... Une telle continuité est unique, et fait de Fontainebleau l'un des sites majeurs du patrimoine français.

Informations pratiques
– ***Infos :*** *☎ 01-60-71-50-70 et 01-60-71-50-60 (répondeur). ● chateaudefontainebleau.fr ● Achat de billets en ligne.*
– ♿ Les ***visiteurs à mobilité réduite*** demanderont le livret gratuit indiquant les accès.
– ***Cours et jardins :*** *accès tlj 9h-19h mai-sept, jusqu'à 18h mars-avr et oct et 17h nov-fév. GRATUIT.* Attention, le jardin anglais et le jardin de Diane ferment respectivement 1h et 30 mn plus tôt ; on pensera donc à les visiter avant le jardin français.
– ***Château :*** *tlj sauf mar 9h30-18h (17h oct-mars) ; dernier accès 45 mn avt. Fermé 1er janv, 1er mai et 25 déc. Attention, ces horaires concernent seulement les grands appartements et le musée Napoléon-Ier (visite classique). Entrée : 14 € (18 € avec visite guidée) ; réduc ; gratuit moins de 26 ans citoyens de l'UE et pour tous le 1er dim du mois (hors juil-août) ; tarif 1h avt la fermeture 9 €. Visioguide : 4 € (jusqu'à 15h15/16h15). Prévoir au moins 2h pour la visite du château.*
Avis aux jeunes parents, seuls les porte-bébés sans armatures sont autorisés. Pas de poussettes.
– ***Attention :*** certaines salles sont susceptibles d'être fermées, en raison de grands travaux de restauration courant jusqu'en 2030.

Le musée Napoléon-Ier
On le découvre en 1er, au tout début de la visite des Grands Appartements (à gauche de l'escalier). Une dizaine de salles y

LA PRISON DORÉE DU PAPE

En 1809, Napoléon annexa les États pontificaux à la France. Le pape faillit en avaler sa tiare et excommunia l'Empereur. Pie VII fut alors arrêté et transféré à Fontainebleau en 1812. Il y resta 19 mois sans dire une seule fois la messe. Par bouderie.

La chambre de l'Impératrice

© RIEGER Bertrand / hemis.fr

rendent gloire à l'Empereur et son Empire à travers une succession de salles fastueuses, d'expositions thématiques et de vitrines bourrées de souvenirs précieux.

Les grands appartements

– On commence par la ***galerie des Fastes,*** aménagée par Napoléon III, où trône (notamment) un célèbre portrait de François Ier par Joos Van Cleve.

– La ***galerie des Assiettes***, en porcelaine de Sèvres encastrées dans les boiseries, date de Louis-Philippe.

– En face s'ouvrent les ***appartements du Pape,*** une enfilade de 11 pièces où séjourna Pie VII à 2 reprises : en 1804, alors qu'il était en route pour le couronnement de Napoléon, puis lorsqu'il fut retenu en captivité de juin 1812 à janvier 1814. Pièce maîtresse, l'ex-chambre à coucher d'Anne d'Autriche, décorée en 1660, conserve le lit de Louis XVI... réutilisé par Napoléon ! Tout au bout, coup d'œil à la chapelle depuis la tribune (on y descend en fin de parcours).

– La fameuse ***galerie François-Ier*** a été construite en 1528 pour relier les appartements royaux à la chapelle. On y retrouve les 3 fleurs de lys, la salamandre emblème de François Ier et sa devise, « *Nutrisco et extinguo* » : « Je nourris [le bon feu] et j'éteins [le mauvais]. » Rosso Fiorentino (disciple de Michel-Ange) et le Primatice y ont exercé leur art, célébrant notamment les vertus du roi à travers des sujets allégoriques. Ils imposèrent leur style à toute l'Europe sous le nom d'école de Fontainebleau.

– La ***salle de Bal*** ou ***galerie Henri-II*** fait son effet ! Séparant la cour Ovale du Grand Parterre à la française, c'est une très belle salle lumineuse aux volumes bien équilibrés, richement décorée, qui témoigne elle aussi de l'influence de la Renaissance italienne en France.

– On rebrousse chemin pour traverser le grand escalier (stucs et fresques du Primatice) et rejoindre une mini-***rotonde*** où trône *La Nature,* sculpture du Tribolo : une étonnante image de la fécondité aux 13 seins inspirée d'une divinité romaine.

– Viennent ensuite les ***2 salles Saint-Louis,*** plus sobres, avec leurs magnifiques plafonds ouvragés bleu et or en... carton-pâte (merci Louis-Philippe). On se trouve là dans le donjon du Moyen Âge, où mourut Philippe le Bel en 1314. Difficile d'échapper au grand bas-relief d'Henri IV sur la cheminée !

– La ***bibliothèque,*** installée dans la ***galerie de Diane*** réalisée par Henri IV, longue de 80 m, contient plus de 16 000 ouvrages !

– Toutes les souveraines, à partir de Marie de Médicis, occupèrent la ***chambre dite de***

LE CHÂTEAU SAUVÉ PAR LE LOTO

S'inspirant de Stéphane Bern, François Ier fut le 1er roi à se rendre compte que les gens donnaient plus facilement leur argent s'ils avaient l'espoir d'en gagner. Voilà pourquoi il inventa la 1re loterie française en 1539, inspirée du loto italien. Cette manne extraordinaire, versée volontairement par le peuple, lui permit de terminer les travaux du château de Fontainebleau.

l'Impératrice. Là trône un invraisemblable lit à baldaquin fabriqué pour Marie-Antoinette, avec son ciel de lit collé au plafond (hauteur : 5 m). Après 1805, ce fut la chambre de Joséphine, puis de Marie-Louise.

NAPOLÉON SUICIDAIRE

L'Empereur voulut se donner la mort dans la nuit du 12 au 13 avril 1814, à Fontainebleau. Ses maréchaux et ses conseillers le pressaient d'abdiquer. Humiliation suprême ! Il choisit le poison, mais vomit le tout. La mort ne voulant pas de lui, il se résolut à partir pour l'île d'Elbe.

– Réalisée dans un style versaillais et modifiée par Napoléon, l'***ancienne chambre du Roi*** est la seule et unique ***salle du trône*** conservée en l'état que possède encore la France : tapis de la Savonnerie, lustre en cristal de roche. La ***salle du Conseil,*** aux panneaux peints d'allégories, date, elle, de Louis XV.
– Enfin, on découvre l'***appartement intérieur de Napoléon Ier,*** dans l'ancien « cabinet à la poudre » (les sanitaires, quoi...) de Louis XVI. Le décor est celui du roi guillotiné, enrichi sous l'Empire d'abeilles, de « N » et de victoires... Le mobilier est de style Empire. Dans le ***cabinet de travail,*** trône, au centre, le bureau mécanique sur lequel il travaillait de 2h à 5h du matin. Puis le ***salon de l'abdication,*** où fut signé l'acte mettant fin à l'Empire le 6 avril 1814. Enfin, on termine par la ***salle de bains*** avec une baignoire en cuivre étamé qui connut les ablutions de l'Empereur !
– En redescendant, on accède à la partie basse de la ***chapelle de la Trinité*** (XVIe s), où la cour assistait à la messe. Roi et reine étaient installés à la tribune, les princesses aux balcons. Louis XV s'y est marié et Napoléon III y a été baptisé.
– ***Les petits appartements*** ainsi que le ***théâtre impérial*** se visitent en visite guidée et sur résa sur le site internet.

Les jardins

Les jardins : ils furent modelés au fil du temps et des modes. Leurs bassins et fontaines sont alimentés en eau par 19 sources, captées par un ingénieux système de puits et d'aqueducs créé au XVIe s par l'Italien Francini. D'un côté, on découvre le ***Grand Parterre*** à la française, le plus vaste d'Europe, conçu par François Ier, retracé par Henri IV, puis redessiné par Le Nôtre au XVIIe s sur une superficie de 14 ha
Côté ouest, il s'adosse au superbe ***étang aux Carpes,*** œuvre de François Ier, qui fit transformer un vulgaire marécage en « miroir » renvoyant l'image du château – une idée bientôt reprise par toutes les cours d'Europe. On y canote l'été jusqu'à un délicat kiosque insulaire. Au-delà se dessine le grand ***Jardin anglais,*** bucolique, semé de sentes torses, de statues à l'antique, mêlant platanes colossaux, séquoias, rhododendrons et buis XXL.

Monument Café : *entre l'étang aux Carpes et le Grand Parterre. ☎ 01-77-03-83-61. • monument-cafe.com • Tlj 9h30-17h en hiver, 18h en été. Formules 19-26 €, brunch w-e et jours fériés 32 €.* Un joli café-restaurant haut de plafond. Le concept : un buffet chaud et froid de cuisine française servi dans du mobilier moderne. D'avril à octobre, la terrasse se déploie dans la cour de la Fontaine.

– Si vous avez le temps, n'hésitez pas à poursuivre votre déambulation vers la ***partie orientale du parc,*** de l'autre côté de l'avenue des Cascades (accessible par le Grand Parterre). Là se déroule un ***grand canal*** de plus de 1 km de long, voulu par Henri IV et bordé d'allées rectilignes plantées de marronniers. Certains y pêchent, d'autres y pique-niquent tranquillement.

À voir encore

Rue Grande, l'***église Saint-Louis*** construite en 1661 par Louis XIV, a été restaurée après un incendie survenu en 2016 (l'intérieur est encore en travaux). Si vous êtes en voiture, poussez jusqu'à la petite ***église Saint-Pierre d'Avon,*** bel exemple d'architecture de la fin du Ier millénaire, greffée d'un portail et d'un inhabituel porche en bois du XVIe s curviligne, recouvert d'ardoises.

À faire

JEUX DE MAINS, JEUX DE VILAINS

Cette expression évoque le jeu de paume, sport le plus célèbre de l'Ancien Régime. La noblesse utilisa rapidement des raquettes pour ne pas s'abîmer les mains. Seul le peuple (les vilains) continua à frapper la balle à mains nues.

Jeu de paume : *à gauche de l'escalier en fer à cheval. Parfois ouv à la visite (GRATUIT). ☎ 01-64-22-47-67 ou 06-71-33-52-26. Tarif sur demande.* Cet ancêtre du tennis est pratiqué ici, dans l'une des 3 salles existantes en France.

Location de barques sur l'étang aux Carpes : *07-82-53-24-64. Avr-fin oct : 10h30-18h ; tlj mai-août ; sinon, fermé lun-mar. Compter 8 €/h par pers (pas de réduc enfant) pour 1h.*

Tour en calèche : *départ en face de la porte Dorée, entre Grand Parterre et étang aux Carpes. 06-81-50-09-20. Tte l'année selon météo. Tarif adulte : 7,50 €/pers ; réduc.* Circuit touristique du parc et du château *(20-40-60 mn).*

Tour en petit train : *départ de la cour d'honneur du château. Avr-oct, tlj sauf mar, ttes les heures, 12h-16h (17h été), 12h-15h nov-déc. Durée : 35 mn. Tarif : 8 € ; réduc.* Le circuit (commenté) traverse les différents jardins.

DANS LES ENVIRONS DE FONTAINEBLEAU

La forêt domaniale de Fontainebleau : les GR 1, 2, 11 et 13, faciles à suivre, sillonnent la forêt en tous sens. La carte au 1/25 000 de l'IGN reste néanmoins indispensable pour éviter de se fourvoyer dans les centaines de petits chemins qui en font perdre le fil... Destinations principales : les gorges de Franchard et celles d'Apremont, les rochers de la Dame-Jouanne, la tour Denecourt, le rocher des Demoiselles et le circuit des Trois Pignons, dans le massif forestier du même nom, qui jouxte à l'ouest celui de Fontainebleau.

Les gorges de Franchard

➢ ***Balades en forêt :***

– *Les Amis de la Forêt : 26, rue de la Cloche. ☎ 01-64-23-46-45. • aaff.fr • Permanence sur place mar 10h-12h.* Balades organisées en forêt de Fontainebleau 1-2 fois/mois.
– *Les Sylvains Randonneurs : ☎ 01-60-55-19-38. 📱 06-10-22-55-43. • sylvainsrandonneurs@gmail.com •* Association sympa qui organise de fréquentes balades en forêt et dans les villages voisins de Fontainebleau, de 2h à la journée. Téléphonez pour connaître le programme (ou demandez-le à l'office de tourisme) et vous inscrire.
– Également des balades guidées en forêt, spéciales biodiversité ou histoire de la forêt, contées ou stages photos en forêt organisées par l'office de tourisme avec des partenaires locaux. À réserver en ligne : *• fontainebleau-tourisme.com •*
– *Groupe Raymond Barthélemy : 📱 06-02-38-96-60. • gr.raymondbarthelemy.free.fr •* Balades en forêt de Fontainebleau tous les mercredis et dimanches à 9h.

Les gorges de Franchard : *à 7,5 km à l'ouest de Fontainebleau. Prendre la D 409 en direction d'Étampes, puis fléché à gauche.* Le site de Franchard fut le 1er espace protégé au monde, classé dès 1863 « réserve artistique » ! Le détour s'impose... Du parking, on rejoint le *Centre d'écotourisme (mer-sam 10h-18h ; w-c),* tout en bois et bardeaux, qui informe sur les possibilités de balades, puis on rejoint rapidement l'ancien ermitage (retapé), point de départ de certaines balades.
➢ Offrant de jolis points de vue, la ***promenade des gorges de Franchard*** (2,5 km, env 1h10) suit le rebord du plateau souligné de dalles de grès jusqu'à un belvédère, avant de dévaler sur un escalier en bois dans une jolie combe tapissée de fougères, et de revenir par un large chemin (moins évocateur). Attention, le balisage (jaune) n'est pas toujours facile à repérer.
➢ Envie de fouler le sable fin du fond des gorges ? Plusieurs escaliers y dévalent depuis les abords du parking. De là, tout est possible, notamment d'embrayer sur les GR 1 ou 11.

Espace naturel sensible Les Basses Godernes : *à* ***Champagne-sur-Seine,*** *à 10 km à l'est de Fontainebleau. Accès par le parking, rue de l'Aqueduc.* Par la rive droite de la Seine, voici une jolie boucle à faire à pied sur environ 2 km. Dans cet ENS de 11 ha, l'intérêt est aussi botanique qu'ornithologique : on observe à loisirs les espaces herbeux (en particulier les orchidées), les oiseaux (martins-pêcheurs et fauvettes babillardes), les libellules et les demoiselles...

– ***Autres activités :*** l'office de tourisme de Fontainebleau vous renseignera sur les nombreuses autres activités à faire dans le secteur (résa en ligne), notamment ***l'initiation à l'escalade*** *(par exemple avec* ***Globe Climber,*** *📱 06-86-70-81-11 ; • globeclimber.com • ; dim 10h-13h ; adulte 35 €, enfant 25 € ; min 5 pers)* et les sorties à l'année en ***traîneau à chiens*** *(📱 06-32-68-82-26 ; • evasion-canine.fr • ; avr-nov, tlj ; 48 €, reduc).*

BARBIZON (77630) 1 196 hab.

À 9 km au nord de Fontainebleau, voici le village le plus célèbre et le plus touristique de la région : une longue rue bordée de galeries, d'auberges luxueuses et de maisons vénérables cachées derrière de hauts murs se déroule jusqu'à la forêt – par laquelle on rejoint les proches gorges d'Apremont.
Dès les années 1830, Barbizon devint la Mecque des peintres paysagistes, à l'origine d'un style appelé école de Barbizon, et dont les représentants les plus marquants furent Théodore Rousseau, Jean-François Millet et Charles-François Daubigny. Trotski lui-même vint s'y reposer !

L'ÉCOLE DE BARBIZON

C'est du désir de quitter l'atelier, d'aller voir en direct, « sur le motif », les paysages de la vie rurale, qu'est né ce mouvement vers la campagne ayant donné naissance à l'école de Barbizon. Influencés par les peintres anglais et hollandais, D'Aligny, Corot, Bruandet et Michallon font le voyage dès le début des années 1820. Pour les accueillir à Barbizon, qui n'est alors qu'un hameau forestier, François Ganne et sa femme ouvrent une sorte d'auberge-épicerie et aménagent des chambres à l'étage. Toute la journée, les peintres partent en forêt, avec la volonté de trouver la lumière naturelle et de transmettre l'émotion qui émane de ces moments de solitude. Suivent Théodore Rousseau, Diaz, les frères Dupré dans les années 1830, et enfin Millet en 1849, qui fuit le choléra et la misère à Paris. L'Académie n'a qu'à bien se tenir : les voilà partis pour remplacer la peinture cérébrale et copieuse de la réalité, alors consacrée, par une œuvre qui privilégie les sensations. Ces artistes, surtout Millet le besogneux, qui ne repartira plus, deviennent les ***peintres de la vie paysanne.***

Les frères Goncourt évoquent la vie fraternelle et féconde qui règne alors dans ce groupement d'artistes. En 1872, Barbizon compte une centaine de peintres, presque autant que de paysans ! Au fil des années, Cézanne, Renoir, Seurat, Pissarro y passent, tout comme Verlaine, George Sand ou Heredia... Il en vient même désormais de l'Europe entière et d'Amérique. C'est l'apparition, début XIXe s, de peintures en tubes suffisamment nuancées qui a permis de peindre « sur le motif ». Mais une autre circonstance favorise singulièrement Barbizon : la ***proximité de Fontainebleau,*** et donc du possible mécénat de la Cour impériale et de sa bourgeoisie... gagne-pain vital.

UN ANGÉLUS MORBIDE

Dalí était littéralement fasciné par L'Angélus *(1859), le tableau de Millet. Une toile qui hanta son enfance, et qui plus tard pénétrera à plusieurs reprises son œuvre ; il la reproduisit une soixantaine de fois ! En 1938, il lui consacra même un livre tout entier. Mais le plus impressionnant, c'est que le Maître eut l'incroyable intuition qu'à la place du panier, Millet avait d'abord peint un cercueil d'enfant. Alors, quand les rayons X commencèrent à être utilisés par les experts en art, on s'empressa de vérifier : Dalí, dans son délire paranoïaque, avait vu juste !*

Adresses utiles

Office de tourisme : *pl. Marc-Jacquet (face à l'Espace culturel Marc-Jacquet). ☎ 01-60-66-41-87. • fontainebleau-tourisme.fr • De mi-fév à mi-nov, mer-dim 9h30-13h, 14h-17h30 ; de mi-nov à mi-fév, mer-sam 10h-13h, 14h-17h, plus dim 9h-13h.* Conseils avisés, souvenirs et prospectus. On s'y procure le circuit des peintres.

Location de vélos : Cycles Lekeuss, *63, rue Gabriel-Séailles. ☎ 01-60-68-12-57. • cycles-lekeuss.com • Au niveau du grand rond-point menant à Barbizon-Forêt, sur la D 607, direction Fontainebleau. Tlj sauf lun-dim 10h-19h (18h sam et dim 10h-18h mai-sept.* Vélos de route, VTT, vélos électriques. Tenu par des fanas de VTT.

Où dormir ? Où manger à Barbizon et dans les environs ?

De bon marché à prix moyens

Gîte Arbonne et Acousmahome : *159, chemin du Bois-de-la-Fontaine, 77630* **Arbonne-la-Forêt.** *06-60-41-67-48. • gitearbonne.com • À 5 km au sud-ouest de Barbizon par la D 64 ; suivre direction Courances, puis les petits panneaux verts discrets « hébergement ». Doubles 60-70 €, chalets 70-80 € (pour 2), cabane perchée 90-110 €. Tarifs dégressifs selon la durée.* En lisière de forêt, dans un grand jardin boisé et fleuri, il regroupe 3 chalets mignons (le « Charme » est le plus intime), une chambre d'hôtes simple et rustique, et une drôle de cabane perchée à laquelle on accède par un escalier très étroit. Chaque hébergement dispose d'une douche, de w-c, et d'une kitchenette, même la cabane dans l'arbre ! On partage avec les autres résidents kiosque, transats et barbecue. Sympa, à l'image de l'atmosphère très décontractée et familiale.

Le Gaulois sur le Grill : *64 bis, Grande-Rue. ☎ 01-64-52-35-04. Tlj sauf lun 12h-14h30, 19h-21h30. Plats 20-40 €.* La vitrine de boucher, la provenance des bêtes indiquée au tableau et le vieux hachoir XXL exposé dans la courette, où l'on s'installe en été, donnent le ton. « Viandes blanches », « viandes rouges » ou « triperie fraîche », faites votre choix ! D'ailleurs, le boss était boucher. Il y a tout de même des salades et un burger végétarien.

L'Ermitage Saint-Antoine : *51, Grande-Rue. ☎ 01-64-81-96-96. Tlj sauf mer-jeu 12h-13h30 et 19h-20h30. Résa conseillée. Plats 23-28 €.* Ce joli resto, repris par l'ancien chef de la très chic *Hôtellerie du Bas-Bréau,* propose une cuisine de bistrot savoureuse qui évolue tranquillement au gré des saisons et de l'inspiration. Pour goûter ces bons petits plats bien tournés, on choisit entre la salle d'auberge néo-rustique, un passage pavé, le patio aux bambous ou le recoin sous verrières. Un bon rapport qualité-prix pour Barbizon.

De prix moyens à chic

Le Relais de Barbizon : *2, av. Charles-de-Gaulle. ☎ 01-60-66-40-28. C'est le 1er resto quand on arrive, en bas de la Grande-Rue. Tlj sauf mar-mer 12h13h30, 19h-21h. Congés : 1 sem en juil, 3 sem en août. Menu 32 € le midi en sem. Plats env 34-45 €.* La cuisine semi-gastronomique est élaborée par un chef breton qui ne transige pas avec la qualité de ses produits. Sa carte, qui évolue peu, est plutôt maritime, façon ravioles de homard et bar rôti en croûte de sel (ouverte devant vous) ; on aime aussi la copieuse tête de veau sauce gribiche. Tout est excellent ! Déco sobre, ambiance calme et, l'été, grande terrasse agréable sous les marronniers. L'un des meilleurs restos de Barbizon. On notera aussi la ***boutique*** *(mer-sam 10h30-13h et 16h-19h ; dim 10h30-13h),* qui propose des plats à emporter, de l'épicerie fine, du vin ou du champagne.

La Folie Barbizon : *5, Grande-Rue. ☎ 01-64-38-54-38. • lafolie-barbizon.com • Doubles 100-120 €, petit déj inclus. Resto ouv ven-dim 12h-14h30 et sam 19h30-22h. Fermé lun-mer. Formule 29 €.* Quelle atmosphère ! Cette maison d'hôtes qui a des airs d'hôtel, ou l'inverse, impressionne par son calme, son élégance et son charme feutré. La déco d'art contemporain est superbe : parmi les 11 chambres et les 3 suites, toutes avec baignoire, on adore celles à l'étage, japonisantes (lumière tatamisée). Le resto accueille des chefs en résidence toutes les saisons, avec un mot d'ordre : le végétarisme. Coin lecture, salon musique, jardin à l'arrière, prêt de vélos... Tout y est.

La Bastide Barbizon : *52, rue du 23-août-1945. ☎ 01-84-95-14-54. • labastidebarbizon.fr • Doubles 130-150 €, petit déj inclus.* On aime l'adorable accueil des jeunes propriétaires de cette grande maison, au nord de la ville. Chacune des 4 chambres, aux salles de bains privatives, se distingue par sa déco : notre préférée, la « diablerets », séduit par sa douche scandinave en *open space*. Depuis certaines chambres, on aperçoit du jardin d'étranges rochers ancrés dans le sol, curiosité de la région... Cuisine à dispo, massage en supplément, poêle à bois et décoration de goût : la Bastide est un lieu de détente idéal.

Où boire un verre dans les environs ?

Le Paddy Rock : *27, route de Paris, 77930* ***Chailly-en-Bière.*** *01-60-66-44-44. À 2,5 km de Barbizon, à la sortie nord de Chailly. Ouv jeu-sam 19h-3h30.* Vaste pub irlandais traditionnel, avec bar imposant, belles pompes à bière, jeux de fléchettes et un *beer garden* sympa à l'arrière. Ambiance festive tous les soirs (DJ ou concert). On peut également dîner sur place (galettes et crêpes).

À voir

Une jolie manière de découvrir la Grande-Rue de Barbizon et ses abords consiste à suivre le ***parcours des peintres,*** un itinéraire en 20 étapes (6 km, env 2h) permettant d'apprécier des mosaïques figurant les principales œuvres des artistes de l'école de Barbizon. Plan disponible à l'office de tourisme.

SACRÉ COROT !

Assez fortuné, Corot avait le cœur sur la main et aidait ses amis comme Millet ou Daumier. Il accepta même de signer des « faux Corot » pour secourir des faussaires dans le besoin. Au total, il peignit 3 000 tableaux dont... 10 000 se trouvent aux États-Unis !

Le Musée départemental des peintres de Barbizon : *92, Grande-Rue. ☎ 01-60-66-22-27. • musee-peintres-barbizon.fr/fr • Tlj sauf mar 10h-12h30, 14h-17h30 (18h juil-août). Fermé 1er mai et 22 déc-1er janv. Entrée : 6 € ; réduc ; gratuit moins de 18 ans.* Fréquentée et décorée par les peintres de 1820 à 1870, l'auberge Ganne permet de s'immerger dans le cadre de vie de ces artistes fêtards et peu soucieux de l'étiquette. Sur leurs traces, on pénètre, au rez-de-chaussée, dans 3 pièces reconstituées selon des toiles de l'époque et des descriptions qu'en firent les écrivains de la bande : d'abord la salle à manger, à la table bien dressée et aux panneaux peints, ensuite la chambre-épicerie, puis la chambre à manger des officiers. À l'étage, les murs des 2 chambres-dortoirs des peintres à la « barbe de bison » sont encore recouverts de dessins, peintures, ébauches et autres caricatures. Au milieu : une exposition de toiles, bien sûr. Poulaillers, chiens de chasse, vie rurale, vues de la forêt, série bêlante de Chaigneau, justement surnommé le « Raphaël des moutons » : on est là en pleine école de Barbizon. Ne ratez pas non plus l'enseigne peinte de l'*Auberge Siron* et, si vous avez le temps, la vidéo haute en couleur de 35 mn (à l'accueil) qui vous fera revivre cette époque de joyeuse camaraderie artistique. Un régal !

Un peu plus loin, contre la mignonne ***église Saint-Paul,*** aménagée au début du XXe s dans une grange, l'ancienne ***maison-atelier*** où vécut et travailla Théodore Rousseau de 1847 jusqu'à sa mort en 1867, accueille les expos temporaires du musée départemental *(périodes d'ouverture variables, mêmes horaires mais ven-dim slt).*

Le musée Jean-François-Millet : *entrée à droite du 27, Grande-Rue.* ☎ *01-60-66-21-55. • musee-millet.com • Tlj sauf mar 9h30-12h30, 14h-17h30 (18h30 juil-août) ; tlj sauf mar-mer nov-mars. Entrée : 5 € ; réduc.* Millet ne fut jamais propriétaire de cette maison où il s'installa en 1849. De nombreux témoignages évoquent sa vie dans les 3 salles accessibles, qui ont peu changé après sa mort : l'atelier, la salle à manger et, au fond, une salle d'expo-vente de peintres du XIXe et contemporains (le musée appartient à la galerie d'en face). Un charmant bric-à-brac de souvenirs personnels (photos de famille, missel, palette), de dessins et gravures du peintre et d'œuvres de ses amis (Rousseau, Chaigneau, Bodmer), et même de petits objets associés au culte dont l'auteur de *L'Angélus* a fait l'objet, tant en France qu'à l'étranger.

L'Espace culturel Marc-Jacquet : *pl. Marc-Jacquet, face à l'office de tourisme.* Expositions et rétrospectives temporaires de peinture et photo tout au long de l'année, mais aussi théâtre, concerts, etc. *(rens à l'office de tourisme).*

Jeter un coup d'œil à la belle façade à colombages sculptés de l'***hôtellerie du Bas-Bréau.*** Poètes, écrivains et peintres fréquentèrent l'endroit. Contrairement à la légende, ce n'est pas ici que Stevenson écrivit *L'Île au trésor.* Il y rédigea, en revanche, *Forest Notes,* ce qui est plus logique.

Le monument de Millet et de Rousseau : en suivant la Grande-Rue, on débouche sur la forêt. Côté droit, un sentier grimpe vers un rocher encadré d'un grand médaillon de bronze du sculpteur Chapu représentant Millet et Rousseau de profil.

Balades

Les gorges d'Apremont : *partie intégrante de la forêt de Fontainebleau, ces gorges sont facilement accessibles à pied ou à vélo depuis le carrefour du Bas-Bréau (parking), à 1,5 km du centre de Barbizon (dans le prolongement de la Grande-Rue). Certains points de vue sur ce chaos rocheux magnifique invitent à y descendre. D'autres accès sont possibles (D 607, D 301).*

Le point de vue d'Apremont : *on y accède par la route Marie-Thérèse (chemin goudronné*

LES GUIDES DENECOURT

Ce vétéran de l'armée napoléonienne consacra sa vie à la forêt de Fontainebleau, non seulement en publiant des guides sur la forêt mais aussi en traçant des chemins balisés avec des flèches bleues. Au cours de ses explorations, il aménagea des fontaines, des grottes... Il est à ce titre considéré comme un des pionniers de la randonnée pédestre.

réservé aux piétons et cyclistes) en partant vers l'ouest (côté buvette). Ne tournez pas à gauche sur la route de Sully, continuez tt droit en montant (chemin), puis à droite une fois sur les hauteurs (ou suivez les indications du GR 1). Env 45 mn. Ceux qui continuent par la route de Sully passeront devant le très beau chêne Sully, vieux de 400 ans. Au-delà, on rejoint le parking de la *gorge aux Néfliers,* pour un autre point de vue panoramique sur la forêt (ou accès par la D 301). Une très jolie balade à vélo.

➢ ***Promenade de la Cavalière des Brigands :*** *boucle de 1,7 km, env 1h (facile).* Départ du parking du carrefour du Bas Bréau à Barbizon. La « cavalière » était à l'origine une piste pour chevaux. Au menu : chaos de grès, caverne des Brigands, œuvre de Claude-François Denecourt. Elle comporte 2 entrées reliées par un passage souterrain, et beau point de vue sur la forêt.

➢ Pour ceux qui disposent de plus de temps, une grande ***boucle de 7 km*** *(3h)* permet d'emprunter les gorges dans toute leur longueur. *Renseignez-vous à l'office du tourisme pour ces balades de difficulté moyenne.*

THOMERY (77810) 3 585 hab.

Étagée sur un coteau dans une boucle de la Seine, à 8 km au nord de Moret, cette petite agglomération résidentielle est la dernière terre à vignes avant Paris. À partir de 1730, on y cultiva le chasselas, sur des murs qui se sont étendus jusqu'à 300 km au XIXe s ! Le court chemin des « longs sillons » (inscrit aux Monuments historiques), bordé de murs caractéristiques surmontés de tuiles rouges, et le jardin Salomon (face à l'église Saint-Amand) témoignent encore de cette pratique, entretenue par quelques particuliers. Mais le principal intérêt de Thomery, c'est évidemment le château de By, qui abrite le musée Rosa-Bonheur.

Où dormir ?

Chic

🏠 ***Chambres d'hôtes Propriété Auclair :*** *9, rue du 14-Juillet (à 300 m du musée Rosa-Bonheur, en descendant vers la Seine). ☎ 01-64-70-88-83. 📱 06-76-08-80-99. • laproprieteauclair.com • Sur résa. Double à partir de 95 €.* Située dans le haut du village, la maison, du XIXe s, s'entoure d'anciens murs à vignes, dont certains enclosent un jardin séparé avec piscine (chauffée). Les 3 chambres, indépendantes, ont été aménagées dans les anciennes chambres à raisin, ce qui explique leur caractère un peu confiné. Voir aussi les chambres d'hôtes du musée Rosa Bonheur ci-dessous.

À voir

👍👍 🚸 ***Le musée Rosa-Bonheur :*** *château de By, 12, rue Rosa-Bonheur. ☎ 09-87-12-35-04. • chateau-rosa-bonheur.fr • Tlj sauf lun-mar, 10h-18h30. Visites guidées sur résa à 10h30, 14h30 et 16h30 (créneaux supplémentaires en w-e : 11h30, 12h30, 15h30). Durée : 1h30 à 2h. Entrée : 17 € ; moins de 18 ans 10 € ; moins de 6 ans 1 €. En saison froide, prévoir d'être bien couvert.*
Ce fut l'artiste la plus vendue au XIXe s, tous genres confondus. Rosa Bonheur (1822-1899) n'a pas seulement été poussée au firmament de son époque par une vocation artistique précoce (à 14 ans, ses œuvres étaient déjà vendues aussi cher que celles de Sisley à la fin de sa vie). Cette femme d'avant-garde et de caractère

a su s'imposer, tolérant tout juste la préséance d'alors et se refusant au mariage et à l'enfantement ! Peintre animalière, elle éleva plus de 200 bêtes en 40 ans (dont un couple de lions, Fatmeh et Sultan) dans le parc de son château ; elle fut aussi la 1re femme artiste à recevoir la Légion d'honneur, des mains de l'impératrice Eugénie. C'est en outre la 1re femme en France à s'acheter un bien d'envergure grâce aux fruits de son travail.

Une trajectoire fulgurante, contée avec passion et humour dans l'atelier de l'intéressée, entre gravures et bestiaire empaillé – saluez donc François le sanglier, Patrocle le crocodile du Nil, Jack le cerf... ou Coco, le perroquet qui criait des chants militaires les jours de pluie !

PAS FACILE DE PORTER LA CULOTTE !

Rosa Bonheur dut réclamer à la préfecture de police un permis de travestissement (affiché au mur de son petit salon) l'autorisant à porter des pantalons pour pouvoir fréquenter plus discrètement les foires aux bestiaux et abattoirs, traditionnellement interdits aux femmes au XIXe s... Cette étrange autorisation était renouvelable tous les 6 mois. Quant à la loi interdisant le port du pantalon pour les femmes, elle a été abrogée en... 2013 !

L'exploration de ce petit château-musée prend tout son relief avec la verve de l'équipe de Katherine Brault, la châtelaine qui a racheté la demeure. Nombreux meubles, tableaux, gravures et archives – sans oublier le costume d'indien issu de sa rencontre avec Buffalo Bill ou la cantate que lui écrivit Bizet. Derrière le château, le parc (4 ha) englobe un pan de forêt aux arbres vieux de 400 ans.

Un beau moment à compléter par une pause au ***salon de thé*** *(mer-dim 11h-18h).* Sous une grande verrière, thé, pâtisseries inventives, salades et tartes le midi, qu'on déguste dans un cadre raffiné, aussi sobre qu'agréable.

Pour prolonger ce voyage dans l'intimité de l'artiste, on peut loger dans 3 superbes ***chambres d'hôtes,*** dont celle de Rosa Bonheur *(350 € avec brunch et visite, infos sur le site),* qui prennent le parti d'arrêter le temps, en conjuguant grand confort actuel (lits douillets, belles salles de bains) et cadre ancien dans son jus.

VULAINES-SUR-SEINE (77870) 2 784 hab.

Rive droite de la Seine, ce village calme aligne quelques villas cossues le long du fleuve. Mallarmé, qui avait bon goût, s'y plut, et on le comprend. En poursuivant le long des rives vers l'aval (nord), par le chemin du Bas-de-la-Varenne (carrossable), on découvre plusieurs berges verdoyantes idéales pour un piquenique au calme. À quelques encablures, Samois-sur-Seine se la coule douce et regarde passer les cyclistes sur la Scandibérique. À voir, l'église Saint -Hilaire Saint-Loup du XIe s. et pour un beau point de vue on grimpera jusqu'à la tour de Samois.

Où dormir ? Où manger à Vulaines et dans les environs ?

Prix moyens

Maison Sumac : *42, pl. de la République, 77920 Samois-sur-Seine.* ☎ *01-64-31-19-99. Lun 8h30-19h, jeu-sam 9h-minuit, dim 9h30-17h30. Pour la cuisine, 12h-15h et 19h-22h. Fermé* *mar-mer et en août. Plats 18-22 € ; carte 30-34 €.* Quel coup de cœur ! Une boutique-cave-resto sur la place de ce petit village, pleine de bons produits (exclusivement français), de bons vins (souvent natures) et de bonne musique, grâce à monsieur, ancien programmateur chez Fip. Les menus du marché cuisinés par madame tournent comme les vinyles : 2 différents par jour ! Et toujours un plat végé, une viande et un poisson, qu'on déguste au comptoir ou sur les quelques tables dispersées çà et là. Une pépite !

L'Anneau de Mallarmé : *8, quai Stéphane-Mallarmé,* ***Vulaines-sur-Seine.*** *☎ 01-64-23-71-61. • anneau-mallarme.fr • À côté du musée Mallarmé. Tlj sauf mer 12h-14h, 19h-21h45. Formules 25-28 € en sem (sauf ven soir, veille et jours fériés), menus 34-49 €.* L'adresse est appréciée des habitués pour sa superbe terrasse semi-ombragée accolée à la Seine (la salle, elle, est moins originale). La cuisine se tient, mais les prix des plats sont bien élevés.

La Vallée Javot : *27, rue du Montceau, 77850* ***Héricy.*** *06-99-84-32-38. • chambresdhotes-valleejavot.com • Doubles 70-120 €, petit déj inclus. Table d'hôtes 25 €.* On tombe vite sous le charme de cette chambre d'hôtes. D'abord, la cuisine, sa collection de casseroles d'étain et ses paniers en osier. Puis les 4 chambres spacieuses (salles de bains privées) aux matelas croustifondants (notre préférée : la chambre Mallarmé). Quoi d'autre ? La déco de bon goût, le jacuzzi, l'accueil de Véronique ? Ou la cabane suspendue au fond du jardin pour 2 ou 4 personnes, avec cette idée de récup géniale : le bac à douches et les toilettes (sèches) faites d'un demi-tonneau de cognac ? Tip top.

De chic à plus chic

La péniche Éden : *quai de la République, à* ***Samois-sur-Seine.*** *06-98-89-17-23. • penicheeden.com • Fermé déc-fév. Double 110 €, petit déj inclus.* Plutôt que de regarder la Seine de la berge, pourquoi ne pas se laisser bercer par le clapotis de ses eaux ? Ici, on embarque à bord d'une péniche hollandaise entièrement revisitée, où ont été aménagées 5 cabines, certes étroites mais confortables, climatisées, toutes avec sanitaires privés. En prime : salon et salle à manger communs, jacuzzi sur le pont et vélos en location. Idéal pour une balade le long des berges, à moins que vous ne préfériez larguer les amarres pour une petite croisière (50 €) aux beaux jours...

Le Clos de Nathalie, kotas finlandais : *6, rue Féricy, hameau de La Coudre, 77590* ***Fontaine-le-Port.*** *☎ 01-64-38-32-44. 06-83-57-02-20. • leclosdenathalie.fr • À 9 km au nord de Vulaines, 1,5 km après Fontaine-le-Port (traversez le village en montant). Pour 2, 135-150 € (30 €/pers supplémentaire), petit déj compris. Sauna 30 €/h ; utilisation grill-kota 30 € pour 2 pers.* Nathalie et son mari ont assemblé 4 *kotas* finlandais dans un joli pré entouré d'arbres et de quelques animaux. Mais quésaco que le *kota* ? De petits chalets ronds en pin, chaleureux et ludiques, aussi confortables qu'une chambre d'hôtel (avec douche et toilettes). 2 *kotas* font office de chambres (dont une pour 3 pers), un autre se réserve pour pique-niquer autour d'un grill et le dernier abrite un sauna. Une manière différente et insolite de vivre la campagne, en famille ou entre amis.

À voir

Le musée Mallarmé : *4, promenade Stéphane-Mallarmé. ☎ 01-64-23-73-27. • musee-mallarme.fr/fr • Ouv tte l'année. Tlj sauf mer 10h-12h30, 14h-17h30 (18h juil-août). Entrée : 5 € ; réduc ; gratuit moins de 18 ans. Visite guidée (+ 4 €), sans résa. Livret découverte pour les enfants et animations régulières très sympa, tte l'année.* Mallarmé ne fut jamais propriétaire de cette belle maison recouverte de glycines et plantée en bord de Seine. Il y vécut néanmoins de 1874 jusqu'à sa mort, en 1898. Si le rez-de-chaussée accueille les expositions temporaires, l'étage permet de pénétrer dans l'intimité du poète. On a presque l'impression de déranger en traversant sur la pointe des pieds les chambres et la salle à manger, qui rassemblent encore tous ses objets les plus chers : l'éventail-poème de sa fille Geneviève, un beau cabinet laqué japonais dans lequel il enfermait ses notes, la fameuse pendule de Saxe « qui retarde et sonne 13h parmi ses fleurs et ses dieux »... Le tout est superbement présenté, d'une façon très didactique, avec un réel effort pour intéresser les plus jeunes. Offrez-vous ensuite une pause dans le ***beau jardin,*** où s'épanouissent les roses.

INSPIREZ, RESPIREZ... VOUS VOILÀ INSPIRÉ

Si le formidable guitariste de jazz Django Reinhardt, né en Belgique en 1910, n'est resté que 2 ans à Samois-sur-Seine, cette période aura marqué sa carrière. Après une décevante tournée aux USA, durant laquelle il n'aura été que le faire-valoir de Duke Ellington, Django s'installe dans le petit village en 1951. Entre peinture, pêche et parties de billard, il retrouve l'inspiration et se renouvelle musicalement en se lançant dans le be-bop. Il meurt 2 ans plus tard à Fontainebleau. Sa tombe se trouve au cimetière de Samois-sur-Seine, qui organise chaque année en juin un festival de musique à son nom.

LARCHANT (77760) 739 hab.

À 15 km au sud-est de Milly par la D 16, une ancienne petite ville fortifiée, adorablement nichée au creux de collines couvertes de rochers et de bois. Elle possède l'une des églises les plus impressionnantes de la région.

Où dormir dans les environs ?

Chambres d'hôtes Le Clos du Tertre : *6, chemin des Vallées, 77760* ***La Chapelle-la-Reine.*** *☎ 01-64-24-37-80. 06-20-14-70-17. • leclosdutertre.com • À 5 km au nord de Larchant. Double 70 €.* La vaste grange typique du Gâtinais accueille des chambres confortables (salles de bains impeccables et lit en 160), avec ici ou là quelques pierres apparentes, des poutres, et une petite déco pour personnaliser le tout. Mais le plus ici, ce sont les espaces communs : grande cuisine équipée, coin salon sympa, et de bons équipements (du lave-linge au matériel pour bébé). Comme à la maison ! Accueil jeune et souriant.

À voir

– Des brochures sur l'histoire de la ville et l'architecture de l'église sont en vente à la boulangerie, d'autres sont disponibles dans la basilique.

L'église Saint-Mathurin : *visites libres ou guidées avec l'association culturelle, par e-mail • contact@larchant.com •*
Édifiée du XIIe au XVe s, Larchant fut au Moyen Âge un haut lieu de pèlerinage. C'est ici que serait né saint Mathurin, faiseur de miracles au IIIe s. Après sa mort à Rome, ses restes furent rapportés à Larchant, où ils devinrent l'objet d'une grande vénération populaire. L'église reçut la visite de tous les rois de l'époque, de Charles IV à Henri IV.

Après diverses dégradations (intempéries, guerres de Religion), elle présente depuis 1568 l'originalité d'avoir une moitié encore intacte et l'autre en ruine. Nombreux points d'intérêt : à gauche du chœur (achevé en 1180), une chapelle de la Vierge très élancée, de style gothique classique, avec un magnifique retable en pierre du XVe s finement sculptée. Notez la porte de la sacristie, à droite du chœur, avec ses ferrures d'origine. Dans la nef, l'original du linteau du portail extérieur, très dégradé.
À l'extérieur, ruines impressionnantes de la nef et de la tour. On dit que l'architecture de l'église présente de nombreuses similitudes avec Notre-Dame de Paris. Le portail qui donne accès à la partie en ruine de la nef représente le Jugement dernier avec un Christ en majesté entouré d'anges, de la Vierge et de saint Jean ; ces superbes sculptures datent de la 1re moitié du XIIIe s. Les scènes de la Résurrection des morts, œuvre plus tardive du XVIe s, sont une copie : l'original est à l'intérieur.

À faire

L'Île de loisirs de Buthiers : *73, rue des Roches. ☎ 01-64-24-12-87. • buthiers.iledeloisirs.fr • Tte l'année. Compter 11 € pour 2 en tente ; 20-24,50 €/nuit en gîte collectif ; 325-360 €/nuit en gîte (10-11 pers) ; 69-99 €/nuit (2-5 pers) en hébergement insolite. Accès à la base de loisirs GRATUIT, mais certaines activités sont payantes (et sur résa).* Dans le parc naturel régional du Gâtinais, cette base de loisirs propose un grand choix d'activités sportives et culturelles. Au choix, selon la saison : escalade, accrobranche (sur résa), simulateur de glisse, VTT, poney (sur résa), mini-golf, discgolf, kayak, fitness, musculation, biathlon, marche nordique, tennis, paddle, également une grande piscine avec jeux d'eau et toboggans. Il y a même un observatoire astronomique pour admirer les étoiles ! Épuisés par votre journée d'activité, vous aurez de nombreuses solutions d'hébergement : un camping ombragé et semi-sauvage (branchements électriques et blocs sanitaires) ; des logements en groupe en gîte équipé ou en gîte collectif (chambres de 1 à 10 lits superposés) ; roulottes, pods ou cottages. Que demande le peuple ?

➢ ***Boucle de randonnée autour de Larchant*** *(11 km, facile).* Départ depuis la basilique. Elle passe par les 3 sites du village, sillonne entre les blocs de grès de la forêt et permet d'approcher la réserve naturelle régionale du marais de Larchant (réserve privée). Parking dans Larchant.

Réserve naturelle du marais de Larchant

© GARDEL Bertrand / hemis.fr

FONTAINEBLEAU ET BARBIZON

NEMOURS ET LA VALLÉE DU LOING

Le sud du département, aux portes de la Bourgogne, offre des paysages bucoliques. Les prairies, les boisements, les rives et les milieux aquatiques sont splendides ; il a longtemps que les peintres le savent et tentent de capturer la beauté des lieux, de Sisley à Manet, en passant par Renoir et Pissaro... On trouve aujourd'hui de nombreuses tables de qualité dans la vallée du Loing. Bref, il fait bon vivre ici !

NEMOURS (77140) 13 110 hab.

Déjà, la forêt de Fontainebleau s'efface au profit des champs : le Gâtinais se fait ici de plus en plus agricole et industrieux. Son château-musée tient encore la dragée haute à ce Loing remuant qui lui baigne les pieds. L'occasion d'une courte escale curieuse.

TRANSATLANTIQUE, C'EST CHIC

Nemours est la patrie d'un certain Dupont, qui partit à la fin du XVIIIe s faire fortune en Amérique. Il y a fondé l'une des multinationales les plus colossales de notre époque : DuPont de Nemours, inventeur du nylon.

Adresses utiles

Office de tourisme du Pays de Nemours : *28, rue Gautier-Ier, dans la cour du château. ☎ 01-64-28-03-95. • tourisme-paysdenemours.fr • Mar-sam 9h30-13h, 14h-18h et dim 11h30-16h30. Oct-mars, mar-sam 10h-12h30, 14h-18h. Fermé lun-dim et j. fériés. Visites guidées 5-6 €.* Propose en haute saison des visites guidées de Nemours, Grez et l'église de Larchant. Les applis gratuites *Cirkwi, Balad'Nature,* répertorient les options de balades pédestres, équestres, à vélo, canoë, etc. Vente de cartes, topoguides et de spécialités du coin (sucre d'orge, bonbon, liqueur de coquelicot, etc). Accueil charmant et efficace.

Camping-car park de Nemours : *22 places pour camping-car avec bornes multiservices et vidange, 12€/nuit.* Également 8 emplacements sur le canal du Loing à proximité de l'écluse des Buttes.

Où dormir ?

La rivière dorée : *chemin des Grèves, 77167* ***Bagneaux-sur-Loing*** *☎ 01-60-55-80-00. • lariviere doree.com • Ouv de mi-mars à debut nov. Accueil 9h-12h, 14h-20h. Label Accueil vélo.* ♿ Propose des hébergements insolites de type roulottes, pods, bulles, tipis *(de 55 € à 100 € pour 2 pers selon saison)*... Mais aussi des emplacements pour les camping-cars *(20-22 €)* sans oublier bien sur des emplacements tentes *(15-16 €).* Tables de ping-pong, terrain de volley, aire de pétanque et jeux pour enfants à disposition.

Pavillon Hugo : *1 quai Victor-Hugo. Ouv prévue été 2023. ☎ 07-67-89-21-89 • page facebook • Doubles 70-75 €, dortoir 22 €/pers.* Au bord de la Scandibérique, un lieu tout beau, tout neuf pour les cyclistes, randonneurs, kayakistes ou tout simplement ceux qui veulent faire étape à Nemours. On y trouve un espace cycle pour réparation et des vélos en location, un bar/restaurant avec un large choix de tartes salées et sucrées selon les saisons ainsi que trois chambres doubles avec salle de bains et deux dortoirs de 5 personnes avec salle de bains partagée dans les étages. On peut même y louer des matelas d'escalade.

Où manger ?

L'Auberge des Sources : *15, rue de Chaintréauville, à* ***Saint-Pierre-lès-Nemours,*** *à 5 mn du centre de Nemours. ☎ 01-64-29-11-40 Lun, mar, jeu 9h-14h30, 17h-20h ; ven 9h-14h30, 19h30-22h30 ; sam 9h-14h30, 18h-22h30. Fermé mer et dim et 2 sem en août. Plats 12-25 € ; carte 25-33 €. « Mangez vrai, mangez frais, mangez fait maison » :* tel est le credo affiché fièrement par Quentin Beaumont, le chef d'un restaurant qui porte bien son nom. De son menu du jour simple, authentique et donc sourcé, on retient le saucisson lyonnais truffé, le rumsteck et beurre d'ail, la daurade rôtie et sauce vierge... Tout est servi dans une grande salle conviviale et sans histoire, par une équipe aimable, en plus !

Restaurant l'Entre Deux : *35, quai Victor-Hugo. ☎ 01-60-55-12-46. Mer-dim 12h-13h45 et 19h-21h sauf dim soir. Fermé lun-mar. Menus 39-49 €.* Non loin du canal du Loing, l'adresse détonne par sa devanture rouge anglais. À l'intérieur, c'est pourtant du 100 % gaulois : vieilles pubs aux murs et cuisine traditionnelle très viandarde dans l'assiette, avec d'excellentes terrines « maison », suivies de rognons de veau aux 2 moutardes, par exemple. Sourçage et service de grande qualité.

Le château-musée de Nemours

À voir

L'église Saint-Jean-Baptiste : *pl. de la République. Tlj 8h-19h (certaines parties en restauration).* Derrière le clocher-porche du XIIe s se révèle une nef de style gothique flamboyant mâtinée d'influences Renaissance (XVIe-XVIIe s). Notez la pietà du sculpteur Sanson au dos du chœur et les curieuses nervures en bois de la voûte. Du pont sur le Loing, jolie perspective sur le chevet avec les chapelles saillantes et les arcs-boutants.

Le château-musée : *rue Gautier-Ier. ☎ 01-64-28-27-42. • nemours.fr • Mer-sam 10h-12h30, 14h-18h et dim ap-m. Fermé lun-mar, 1er janv, 1er mai et 25 déc. Attention : ferme 3 sem avt chaque expo temporaire ; se renseigner. Entrée : 5 € ; réduc ;*

gratuit moins de 19 ans. Visite commentée : 7 € ; réduc. Rive gauche du Loing, au cœur de la cité médiévale disparue, voilà l'un des seuls châteaux de ville d'Île-de-France ayant survécu aux vicissitudes de l'Histoire. Il a été fondé au milieu du XIIe s par Gauthier Ier de Villebéon, seigneur de Nemours, grand chambellan de Louis VII et de Philippe Auguste, avant de passer à la famille d'Armagnac. L'édifice fut profondément remanié en 1673 lorsque Louis XIV donna le duché de Nemours en apanage à son frère Philippe d'Orléans. Ce colosse flanqué de 4 tours d'angle et relié à une haute tour carrée par une étroite galerie, est aujourd'hui un ***espace muséographique*** destiné à accueillir des ***expositions temporaires*** provenant d'un fonds remarquable d'arts graphiques, de peintures et de sculptures de la fin du XIXe s et du début du XXe s.

Le musée de Préhistoire d'Île-de-France : *48, av. Étienne-Dailly. ☎ 01-64-78-54-80. • musee-prehistoire-idf.fr • À 2 km au sud-est du centre, en direction de Sens. Tlj sauf mer mat et sam mat 10h-12h30, 14h-17h30 (18h juil-août). Fermé 1er janv, 1er mai et 25 déc. Entrée : 5 € ; réduc ; gratuit moins de 18 ans. Appli gratuite avec 2 parcours commentés.* Cet intéressant musée occupe un édifice atypique, alliant aux salles d'exposition, déroulées chronologiquement, des espaces jardin vitrés recréant la flore de l'époque concernée (très belles fougères arborescentes au début du parcours). La visite se décompose en 4 séquences, du Paléolithique à la fin de la période gauloise avec, à mi-chemin, un diaporama très didactique (14 mn) mettant en lumière les recherches réalisées sur le proche site de Pincevent – une excellente introduction à l'archéologie. La dernière salle abrite les artefacts (produits créés par l'homme) les plus parlants : beaux bracelets en pierre, poteries, objets en bronze et haches parfaitement polies. En sortant, encore : une barque carolingienne de 15 m taillée dans un seul tronc !

À faire

Croisière sur le canal du Loing : *☎ 01-64-28-07-09. 📱 06-24-37-75-31. • vedette-le-zia.pagesperso-orange.fr/ • D'avr à mi-oct, tlj sauf lun-mar. Départ du port fluvial de* **Montcourt-Fromonville** *à 9h30, 14h30 (ou 15h). Durée : 1h30. Tarifs : 13 €/pers ; 9 € moins de 12 ans. Résa fortement recommandée.* Étiré sur 50 km entre Montargis et Saint-Mammès (sur la Seine), le canal du Loing présente quelques belles sections bucoliques, notamment au-delà de Nemours, en allant vers Moret.

Location de canoës et kayaks : *auprès d'****Airescapades 77*** *à Nemours (📱 06-75-37-56-24, • airescapade77.com •) ;* ***Kawak*** *à* ***Bagneaux-sur-Loing*** *(📱 07-68-54-95-25, • canoe-kawak.com •) ou* ***No Limit Aventure*** *(📱 06-12-35-40-50, • nolimit-aventure.com •) à* ***Nemours****.* Ce dernier propose aussi d'autres activités, notamment des parcours accrobranches et du paintball (classique et à l'arc). *Mai-sept ou oct, selon météo. Résa indispensable.* La classique : la descente du Loing entre Bagneaux et Nemours, plus courte et moins bucolique qu'au départ de Grez ou d'Épisy (voir « À faire ; Moret-Loing-et-Orvanne»).

La Scandibérique passe à Nemours et poursuit sa route vers Moret-sur-loing au fil du

ENTRE TERRE ET CIEL

Écrivain, scénariste, résistant déporté à Buchenwald, ministre de la Culture... Quelques lignes ne sauraient résumer l'incroyable vie de Jorge Semprún (1923-2011), né à Madrid et décédé à Paris. Il avait une maison de campagne à Garantreville, non loin de Nemours. C'est là qu'il est enterré : sur sa tombe, une urne contenant de la terre de Biriatou, village qui lui était si cher.

Loing sur une voie verte (20km). Le parcours se fera ensuite sur route pour arriver à Fontainbleau (10km).

DANS LES ENVIRONS DE NEMOURS

La Mer de sable de Poligny : *chemin de la Vallée aux Moutons.* Voilà une balade étonnante : en pleine forêt, une vaste étendue de sable fin ! Un temps exploité pour la qualité de son grès et de son sable, cet endroit est désormais idéal pour la randonnée pédestre, équestre ou à VTT : 6 circuits non-balisés serpentent la zone. Ici, pas de sports motorisés ! Le silence est complet...

L'Espace Viking : *11 rue des Ormes,* ***Saint-Pierre-lès-Nemours.*** *06-66-98-21-26. • vikingar.info • Slt sur résa. Durée env 1h. Entrée : 7 € ; réduc.* En 2005, 5 Français quittent la Suède pour Nemours à bord d'un voilier viking. Un peu barge ! Le bateau de 20 m de long est désormais exposé dans cette sorte de musée amateur touchant, tenu par l'un des membres de l'équipage et sa famille, les Derieux. On monte à bord et on en apprend beaucoup sur les Vikings, leur système de navigation, leur artisanat, la vie à bord, etc. Prêt de déguisements pour les photos. On se rafraîchit au bar associatif et on jette un œil à la galerie d'œuvres de la famille, décidément pleine de surprise et de talent.

MORET-LOING-ET-ORVANNE (77250) 15 243 hab.

Bourg tranquille chargé d'histoire, Moret n'a que peu changé depuis plus d'un siècle. À la frontière entre l'Île-de-France et la Bourgogne, aux marges du Gâtinais, cette ancienne place forte a conservé 2 puissantes portes et un charme acquis au fil de l'eau du Loing qui a séduit bien des peintres. Un impressionniste anglais nommé Alfred Sisley passa un jour par là et n'en repartit plus, participant à la notoriété de cette charmante petite ville, dans laquelle on mange très bien.

LA MYSTÉRIEUSE MAURESSE DE MORET

On n'a jamais su qui était vraiment cette religieuse métisse du couvent de Moret-Loing-et-Orvanne qui recevait une pension royale. Une fille adultérine de Louis XIV, comme elle semble l'avoir affirmé elle-même ? Ou le fruit de l'union de son épouse délaissée, la reine Marie-Thérèse, et de son page africain ? Une chose est sûre : une bonne partie de la Cour lui rendait visite.

Adresses et info utiles

– Anciennement appelée Moret-sur-Loing, la commune a changé de nom, suite à une série de fusions avec les villages voisins entre 2015 et 2017.

Gare de Moret-Veneux-les-Sablons : *☎ 36-58. • transilien.com • À env 1 km au nord-ouest du centre de Moret (bus lun-sam ; • transdev-idf.com •).* De Paris-Gare-de-Lyon, ttes les 30 mn, 6h16-22h46, puis ttes les heures jusqu'à 0h46. Trajet : 45-55 mn.

Office de tourisme : *4 bis, pl. de Samois. ☎ 01-60-70-41-66. • msl-tourisme.fr • Avr-sept, mar-dim 10h-12h30, 14h-18h. Hors saison,* *mar-sam 9h30-12h, 14h-17h.* Accueil super efficace. Nombreuses brochures et plan de la ville. *Visites guidées 2 sam/mois mai-sept.*

■ ***Les Cyclos du Loing :*** *12, rue Eugène-Moussoir. 📱 06-42-50-98-13. • lescyclosduloing.fr • Ouv avr-fin sept, 9h30-18h30 w-e, vac scol et j. fériés. Sur résa en sem.* Location de vélos classiques *(15 € la ½ journée)*, électriques *(28 € la ½ journée)* et VTT *(16 € la ½ journée)*. Partez à la découverte de villages de caractère et des paysages situés le long du canal du Loing en suivant la Scandibérique.

Où dormir ? Où manger ?

De bon marché à prix moyens

🍽 ***L'Entre 2 Portes :*** *25, rue Grande. ☎ 01-64-32-61-53. Jeu-lun 12h-14h30 et 19h30-22h30. Fermé mar-mer. Formules déj 19-22 €, menus 32-38 € ; plats 17-24 €.* La cuisine lusophone, ça vous parle ? À la vue des énormes bocaux de rhum arrangé sur le comptoir, on comprend vite de quoi il s'agit : Brésil, Portugal, Cap-Vert. Dans l'assiette, les papilles dansent la samba : gambas, poulpe, *feijoada*... Pensez-bien à réserver, ça se bouscule au portillon.

🍽 ⛱ ***La Poterne :*** *1, rue du Pont-du-Loing. ☎ 01-60-96-91-50. Tlj 12h-14h, 19h-21h. Galettes env 6-13,50 €.* Quelle situation ! Accolée à la porte de Bourgogne, *La Poterne* occupe une bâtisse de 1764 en surplomb du Loing, avec salle rustique et balcon offrant une bien belle vue – malgré le passage des véhicules qui empruntent le très beau pont. Quant aux galettes bien tournées, elles méritent la mention bien ! Une adresse sympa tenue par une équipe jeune et dynamique.

🍽 ⛱ 🍸 ***La Maison des Arts :*** *15, Rue Grande. 📱 06-47-57-72-76. Mer-dim 12h-14h et ven-sam 19h-21h. Menu midi sem 22 €, plats 15-20 €.* Le plus beau resto de la ville, avec sa façade à colombages d'inspiration néo-gothique qui donne sur la place. Choix varié de hamburgers et options végétariennes. Entre deux services, c'est aussi un salon de thé idéalement placé. Concerts l'été.

🏠 ***Chambres d'hôtes La Bélandre :*** *21, rue des Granges. ☎ 01-60-70-42-41. 📱 06-76-58-14-22. Double 94 € ; familiale 4 pers 129 €.* Au cœur du centre-ville, cette petite maison d'hôtes, qui fait face à la jolie demeure en pierre d'Odile, griffée d'une glycine, ne manque pas de charme. En duplex, elle comprend un petit salon rustique et une chambre familiale confortable pour 4 personnes. On se sent vite comme chez soi !

Chic

🏠 🍽 ⛱ ***Le Jardin des Lys :*** *14, rue du Peintre Sisley ☎ 01-60-71-61-42. Tlj sauf lun 12h-13h30, et jeu-sam 19h-21h. Fermé lun. Formules déj sauf dim 28-45 € ; menus 55-60 €. Doubles 110 €.* Aux portes de la ville, voici un appréciable semi-gastro : près de la rassérénante cheminée l'hiver ou sur le superbe jardin l'été, les assiettes au dressage sophistiqué s'enchainent. Comme souvent, mais ici encore plus qu'ailleurs, c'est au déjeuner que l'on profitera d'un bon rapport qualité-prix. Avec la délicate cuisine, quelques cocktails, des vins médaillés comme des généraux en retraite et, heureusement, des références plus abordables. Sur place, trois chambres coquettes et un accès gratuit au jacuzzi-sauna.

Où dormir dans les environs ?

Camping

Les Courtilles du Lido : *49, chemin du Passeur, 77250* ***Veneux-les-Sablons.*** *☎ 01-60-70-46-05. • les-courtilles-du-lido.fr • À 2 km de Moret (fléché en voiture, ou en longeant le Loing à pied). Ouv fin mars-fin oct. Forfait tente 2 pers 20 €. Mobile homes 4-6 pers 358-720 €/sem. Juil-août : min 5 nuits.* En lisière de forêt, ce 3-étoiles, occupant un domaine de 5 ha, est à 300 m du confluent de la Seine et du Loing, face au port fluvial de Saint-Mammès (que l'on peut rejoindre par une passerelle). Un lieu tranquille et bien tenu, aux emplacements spacieux, délimités par des haies, la plupart ombragés. Piscine chauffée, minigolf, ping-pong, mini-tennis, pizzeria-friterie, terrain de jeux et petit mur d'escalade pour les enfants.

Prix moyens

Chambres d'hôtes 41 Quai de Seine : *41, quai de Seine, 77670* ***Saint-Mammès.*** *06-79-90-77-67. • 41quaideseine.eu • Double 92,50 €, les 2 chambres (4 pers) 185 € (tarif dégressif dès la 2e nuit). 2 nuits minimum.* Passé le jardinet fleuri se cache une adorable maison d'hôtes indépendante avec 2 chambres de charme, lumineuses et rénovées avec goût. L'une, parentale (30 m²), donne sur le jardin, l'autre, aménagée dans le grenier, est mansardée et dispose de 2 lits simples. Le proprio, Michel Bianchi, est aux petits soins pour ses hôtes. Sa femme Claire, artiste peintre talentueuse, vous montrera volontiers son atelier. Aux beaux jours, les chaises longues sont installées sous la treille. Et, l'hiver, le sauna prend le relais. Un havre de paix !

Où manger une glace ?

L'Atelier Demÿka : *13, rue de l'Église. ☎ 09-51-62-58-51. Mer-dim 10h-12h30, 14h30-18h ; fermé lun-mar. Congés : oct-mars. 1 boule : 2,80 €.* Glaces et sorbets artisanaux de qualité, avec une trentaine de parfums en été : pamplemousse, mojito, carottes-gingembre, ananas, basilic, coquelicot de Nemours et tous les classiques. Pas de salle ni de terrasse, mais les berges du Loing sont toutes proches.

À voir

Le petit centre, qui sut si bien charmer les peintres naguère, a conservé des témoins du temps où Moret était ville-frontière aux portes du duché de Bourgogne. On y entre côté ouest par la ***porte de Samois*** (XIIe s), incrustée encore d'un boulet de canon autrichien au revers (la ville fut assiégée en 1814), et qui s'ouvre sur la ***rue Grande,*** bordée de quelques belles maisons à colombages et Renaissance. Napoléon passa la nuit au nº 24 à son retour de l'île d'Elbe.

QUI VERRA RIRA(T)

Vous êtes face à La Maison des Arts (voir « Où dormir ? Où manger ? »), et vous observez les curieuses sculptures de bois représentant des artisans au travail. Jetez un coup d'œil au personnage qui tient les clés de la ville, au-dessus du seuil de la porte : vous apercevrez à ses pieds un rat collé... Clin d'œil facétieux de l'ancien proprio-sculpteur à lui-même, Pierre Raccolet. On lui doit cette superbe façade néogothique qu'il a réalisée en 1925. Un rat collé plutôt... racoleur !

Au n° 30, rentrez dans la ***cour de l'hôtel de ville*** pour aller voir, au fond à gauche, la très belle galerie Renaissance (1527) de la ***maison Chabouillé*** (dite de « François Ier ») incrustée de médaillons de souverains français. En 1823, un officier, Fortuné de Brack, la fit transporter à Paris pour plaire à la célèbre comédienne Mlle Mars ! La façade fut finalement rapatriée à Moret en 1956, à 60 m de l'emplacement initial (qui va à la chasse perd sa place !). Voyez aussi, côté gauche, le très beau portail orné d'une salamandre, symbole notamment du roi François Ier. Côté rue, la façade d'inspiration Renaissance de la mairie présente de jolis détails.

Plus bas, prenez à droite la rue de l'église ; elle monte rapidement vers l'***église Notre-Dame*** (XIIe-XVe s), à laquelle Sisley consacra pas moins de 14 toiles ! Sa façade en gothique flamboyant a été superbement restaurée. Ses orgues du XVIe s s'appuient sur une balustrade du XVe s très bien conservée.

Juste au-dessus de l'église, place Royale, la vénérable ***Maison du bon Saint-Jacques*** (XVe), aux vieux colombages sculptés et statue de saint Jacques, abrite la jolie *Maison du sucre d'orge (☎ 01-60-70-24-53 ; tlj sauf dim-lun 10h-12h30, 14h-18h30).* C'est là que les sœurs de la Charité fabriquaient les fameux sucres d'orge d'après une recette élaborée par les bénédictines de Moret en 1638. Elles sont restées dans l'échoppe jusqu'en 1972. Ils sont toujours confectionnés à Moret-Loing-et-Orvanne, selon la même recette tenue secrète. Après l'échoppe, en remontant la rue, on peut encore voir 3 belles maisons à colombages.

Du fond de la place Royale, la rue du Donjon mène, à l'angle de la rue Montmartre, à la maison où ***Sisley*** vécut de 1880 jusqu'à sa mort en 1899. Au-delà se dresse le ***donjon,*** dernier vestige d'un château royal du XIIe s, transformé en résidence privée, avec rosace gothique rapportée en façade. Fouquet y fut emprisonné en 1664. Dénichez dans le coin le charmant ***passage des Cours-Communes,*** parallèle à la ***rue Montmartre,*** pavé, avec plantes en pots et treille au n° 6 bis.

Pour achever la balade, redescendez vers la rue Grande, qui rejoint le Loing en franchissant la ***porte de Bourgogne,*** partie intégrante de l'enceinte de la fin du XIIe s. La cage en bois où étaient enfermés les petits délinquants au XVIe s est encore conservée à l'étage (mais on ne peut pas la voir sauf lors des Journées du patrimoine).

La porte de Bourgogne, vue du Loing

Le musée du Sucre d'orge : *moulin Provencher, sur le pont. Avr-sept, ven-dim et j. fériés 15h-18h (19h mai-août). Entrée : 2 € ; enfant 1 €. Dégustation gratuite.* Ce sucre d'orge est le bonbon le plus ancien de France : il a été concocté pour la 1re fois en 1638 par les bénédictines de Moret. Prévu à l'origine pour soigner les maux de gorge, il devint rapidement la coqueluche des dames de la cour de Louis XIV. À la fin du XVIIIe s, la cousine de Jean de La Fontaine, mère-abbesse de la communauté, créa les 1ers bâtons de sucre d'orge. Avec la Révolution et la dissolution des ordres religieux, la friandise cessa d'être fabriquée, mais Napoléon demanda à y goûter et, fort heureusement, une vieille religieuse se souvenait de la recette ! Bien des personnalités vinrent s'approvisionner à Moret, comme Aristide Briand et Jean Jaurès, dont on peut voir les signatures dans le livre d'or exposé. Le musée, installé dans une belle bâtisse néo-XVIIIe s amarrée sur un îlot du Loing, rassemble du matériel ancien, une petite section sur la confrérie du sucre d'orge et une vidéo sur sa fabrication.

Le musée du Sucre d'orge

© MARIE Sabrina / shutterstock.com

Les autres musées : outre le ***Musée municipal*** *(mars-début nov, ven-dim et j. fériés 14h-18h – 19h mai-août),* attenant à l'office de tourisme, le vieux ***moulin à Tan*** met en valeur l'art contemporain *(juin-sept, w-e et j. fériés 14h-19h)*, sous le pont où était jadis traitée l'écorce de chêne pour assouplir les peaux. Mentionnons aussi, dans un genre très différent, le petit ***musée du Vélo*** *(au fond de l'allée Gustave-Prugnat ; mar-ven 10h-13h, 14h-19h ; sam 10h-18h ; GRATUIT),* installé le long du canal du Loing, où passe *la Scandiberique,* sur le site d'une ancienne entreprise qui fabriquait des raccords de cadres et des pinces à vélo. L'occasion de remonter à l'origine de la petite reine, entre inventeurs français et anglais, et de voir un grand-bi et un drôle de vélo-ambulance ! Atelier de réparation sur place.

La plus belle vue sur Moret se découvre depuis la rive droite du Loing, au débouché de la route de Saint-Mammès : le pont de pierre, de petites îles greffées de vieux moulins, des lavoirs, un ensemble charmant d'anciennes demeures et d'éléments de fortifications, le tout dominé par la splendide église et se mirant dans les eaux de la rivière.

La prairie Clemenceau : *accès par la rue Madame, puis prendre le chemin sur la gauche juste avt le pont de la nationale.* Cette agréable et facile balade en boucle de 1,4 km dans un espace naturel sensible offre notamment une belle perspective sur la maison du fils Clemenceau et d'autres résidences du bord de Loing.

À faire

– ***Location de canoës-kayaks :*** *auprès de* ***Nature Loisir Évasion*** *(📱 06-19-37-43-24, • nature-loisir.fr •),* ***Top Loisirs,*** *(📱 06-14-75-53-69, • toploisirs.fr • ; ou* ***Apikopa,*** *(📱 06-21-09-37-50, • apikopa.fr •), mer-dim mai-sept ou oct, selon météo, env 38-60 € le canoë (2 adultes) pour 2h-6h de descente libre, 25-30 € le kayak individuel. Résa indispensable.* On descend le Loing, rivière encore sauvage par endroits, au cœur d'une nature verdoyante. ***3 parcours possibles :*** le petit, d'Épisy à Moret (½ journée), le moyen entre Grez-sur-Loing et Épisy (½ journée) ou le grand (1 journée), depuis Grez-sur-Loing. Les opérateurs vous déposeront au point de départ en amont ou viendront vous chercher à l'arrivée sur demande. *Top Loisirs* et *Nature Loisir Evasion* louent aussi des VTT *(21 €/j.).*

➢ ***Balades à pied ou à vélo :*** une carte des itinéraires pédestres du secteur est disponible à l'office de tourisme : il y en a 16 en tout, certaines allant jusqu'à 19 km. Belle balade le long du canal du Loing, en remontant vers La Genevraye et Montigny-sur-Loing. La partie la plus bucolique du parcours se termine un peu avant Nemours.

DANS LES ENVIRONS DE MORET-LOING-ET-ORVANNE

Saint-Mammès *(77670)* **:** *juste en aval (au nord) de Moret, à 2,5 km par la route.* 2e ville batelière d'Île-de-France après Conflans-Sainte-Honorine, Saint-Mammès, au confluent de la Seine et du Loing, est le point de rencontre de toutes les voies d'eau traversant le centre de la France. La commune s'est tournée vers la plaisance avec la présence d'une ***halte fluviale,*** mais les quais n'ont pas perdu leur culture batelière. L'office de tourisme de Moret propose un circuit de 1h30 empruntant un labyrinthe de sentiers et venelles bordés de nombreux petits jardins .

Montmachoux *(77940)* **:** *à 16 km au sud-est de Moret.* Pittoresque village sur une colline, lové autour de sa charmante église.
– ***L'élevage d'autruches et de nandous de la famille Robert :*** *1, Grande-Rue, à Montmachoux. ☎ 01-60-96-29-49. • autrucherieuse.com • ♿ Avr-oct, visite w-e et j. fériés à 15h (durée : 2h) ; en juil-août, également mar et jeu. Entrée : 10 €.* Voici le plus ancien élevage d'autruches (1987), d'émeus et de nandous de France, et l'un des plus importants. La meilleure époque pour admirer les volatiles se situe entre avril et octobre (en élevage), période des amours pendant laquelle les mâles se livrent à d'impressionnantes parades.
– ***Base de loisirs de Varennes-sur-Seine :*** *chemin des Aunettes. ☎ 01-60-73-55-30.* Accessible toute l'année et gratuite ; en revanche, la baignade y est interdite. Reste un petit parcours de santé, des balades et des barbecues à disposition.

Réserve ornithologique du Petit-Fossard : *à* ***Varennes-sur-Seine.*** Ce site mérite un détour, car la qualité de son aménagement offre d'excellentes perspectives de colonisation par l'avifaune. Il est possible d'avoir d'excellents points de vue sur le plan d'eau en empruntant le chemin qui le borde, à l'ouest, auquel on accède à partir de Varennes. Des visites guidées sont organisées régulièrement par l'Association des naturalistes de la vallée du Loing *(programme sur • anvl.fr •).*

Montereau-Fault-Yonne *(77130) :* Sur le pont du Confluent, une statue de Napoléon 1er rappelle sa victoire sur les Autrichiens en 1814. Au 1er étage du Majestic *(3, rue Pierre Brosolette)* une expo de faiences évoque l'importance de cette industrie durant 2 siècles *(ouv lun -ven 9h-12h30, 14h-17h et sam matin).* La collégiale Notre Dame et Saint Loup présente divers styles : gothique flamboyant et renaissance. Le prieuré Saint-Martin, converti un temps en ferme, accueille désormais des manifestations culturelles.

Point infos tourisme : *29 av. du G.de Gaulle. ☎ 01-60-73-44-00. • paysde-montereau.fr • Ouv lun -ven 9h-12h, 14-17h. Brochures sur randonnées et hébergements.*

– ***Base de loisirs de La Grande-Paroisse :*** *La Noue-Notre-Dame, 77130* ***La Grande-Paroisse.*** *☎ 01-64-32-54-54. À 4,5 km de Montereau, de l'autre côté de la Seine sur la D 39 direction Champagne-sur-Seine (fléché). Tte l'année.* Un plan d'eau de 51 ha avec une bonne exposition au vent pour pratiquer catamaran, dériveur, planche à voile, optimiste ou canoë (location sur place). Également des circuits pédestres avec des aires de pique-nique, des zones réservées à la pêche et des circuits VTT.

MONTIGNY-SUR-LOING (77690) 2 627 hab.

Autre village pittoresque à 6 km de Moret (par la D 104), Montigny s'amarre entre les berges du Loing et la lisière sud de la forêt de Fontainebleau. Là encore, vu de la rivière, une vieille église (XIIe s) veille sur un joli tableau de vénérables demeures les pieds dans l'eau, face à un enchevêtrement de berges verdoyantes, de cascatelles et de petites îles reliées par de frêles passerelles. Un cadre parmi les plus sereins d'Île-de-France.

Où dormir ?

Le Parc du Gué : *46, rue Renée-Montgermont. ☎ 01-64-45-87-79. • camping-parcdugue.com • Ouv de mi-mars à nov. De la gare, descendre vers l'église, puis traverser le pont sur le Loing ; c'est au bout de la 1re rue à gauche. En tente, compter 14-18 € pour 2 ; randonneur 11-13 €. Abris Coco Sweet 45-50 € (4 pers). Mobile homes 155 € le w-e, 330 € la sem.* Voilà un des campings les plus calmes de la région. Les emplacements sont espacés et le site entouré de verdure, sauf côté étang, où l'on plante avec plaisir la tente avec vue sur les canards et les oies qui barbotent. Il y a aussi 2 abris *Coco Sweet* tout neufs avec frigo, bouilloire et plaque chauffante. En prime : piscine chauffée, ping-pong, aire de jeux, pêche, location de vélos, cours d'escalade, rallye d'orientation... On ne s'ennuie pas.

Chambres d'hôtes chez Delphine et Jean-Michel Gicquel : *46, rue Renée-Montgermont. ☎ 01-64-45-87-92. 06-83-59-02-45. • delphine.ciocchi@gmail.com • Dans le centre, avt le virage vers Bourron-Marlotte, prendre à droite. Doubles 78 €.* Cette maison de caractère organisée autour d'une petite cour intérieure pavée propose 2 chambres pas géantes mais douillettes, avec une belle hauteur sous plafond : une jaune (Velux) et une rose (petite fenêtre). Bon confort, déco soignée. Accueil très sympa.

Chambres d'hôtes Haras du Croc Marin : *chemin des Trembleaux. ☎ 01-64-45-84-01. 07-63-82-79-83. De la gare, aller vers Bourron-Marlotte et, après le 1er rond-point, prendre à droite (fléché). Doubles env 85 €.* C'est avant tout un haras, où l'on peut pensionner ses chevaux, mais c'est aussi un bon endroit pour loger. On y trouve 4 chambres confortables, très similaires, toutes avec salle de bains, alignées à l'étage le long d'un couloir donnant directement... sur le manège ! L'adresse a été ouverte par Florence, une puriste du dressage, accessoirement fille du célèbre photographe Édouard Boubat, dont on retrouve quelques posters aux murs et invitations au prix de Diane. Accueil sympathique.

Où manger ? Où boire un thé ?

Le Div'20 : *20, rue du Loing. ☎ 01-64-45-76-79. Ouv mer-dim midi. Formule déj en sem 24 € ; plats 18-28 €, tapas 9-14 €.* L'adresse, au cadre épuré et à l'éclairage chaleureux, est tenue par une équipe jeune, dynamique et sympathique. S'appuyant sur des fournisseurs locaux (légumes bio), le chef ne manque pas d'inventivité et emprunte volontiers des saveurs à des contrées plus ou moins lointaines. Les plats se déclinent en version tapas ou assiettes : burrata à l'ail noir, carpaccio de poulpe... Un des meilleurs restos de la région.

Le Petit Cormier : *2, ruelle des Cormiers (angle rue des Corvées). ☎ 01-64-78-27-49. Dans la ruelle partant à l'angle de la supérette Carrefour Contact. Tlj sauf lundi 10h-12h30 et 14h30-18h30. L'été, ferme à 19h.* Cette jolie petite boutique de déco et artisanat du monde et de la région, bien planquée, se double d'un microsalon de thé où l'on peut aussi grignoter une pâtisserie ou s'offrir une glace (fabriquée par *L'Atelier Demÿka* à Moret), à déguster sur la terrasse fleurie à la belle saison.

Brasserie Artisanale Pachamama : *4, rue de la ferme,* **La Genevraye**. *07-68-70-77-08. • pachamama.bio • Mer et sam 15h30-22h, ven 17h-21h.* L'histoire est belle : 2 anciens guides naturalistes de Fontainebleau, amis de longue date, se reconvertissent dans la bière artisanale, avec le souci de bien faire. De cette ancienne ferme sortent des IPA, APA, stout, single malt... Et notamment la fameuse bière locale, la *Font and Bleau.* Possibilité de consommer sur place. Occasionnellement, ce lieu atypique organise des concerts, des lectures et propose des grignoteries (infos sur le site). « Pachamama » ? Une référence à la déesse Inca, qui représente la terre-mère !

À faire

Franchissez le pont sur le Loing (joli point de vue), direction Nemours par la D 58, et prenez la 1re rue à droite : tout au bout, vous tomberez sur une bien belle ***aire de pique-nique,*** avec vue de carte postale sur le village et son déversoir. La baignade est théoriquement interdite, mais, en été, nombreux sont ceux qui y trempent les pieds.

DANS LES ENVIRONS DE MONTIGNY-SUR-LOING

Aire naturelle sensible de la Plaine de Sorques : *sortir de Montigny-sur-Loing vers Moret (par la D 104) et, 100 m après le croisement de la D 148 (feu), se garer à droite (parking).* Quelque 129 ha de plaine alluviale entrecoupée de marais et de friches s'étendent ici, offrant un joli cadre pour une boucle pédestre d'environ 45 mn-1h. On peut espérer voir des martins-pêcheurs et, en saison, quelques migrateurs rares, notamment depuis l'affût installé sur place. Même cadre bucolique au ***Marais d'Épisy*** ♿, 3 km au sud, de l'autre côté du fleuve. Un chemin de planches

VOUS AVEZ DIT CRAPAUDUC ?

Pour réduire la mortalité des crapauds et grenouilles qui traversent la D 104 en descendant de la forêt de Fontainebleau vers les zones humides de la plaine de Sorques pour se reproduire, les abords de la route ont été grillagés, canalisant toutes ces petites bestioles vers une sorte d'entonnoir salvateur, joliment baptisé... crapauduc !

suspendues permet d'accéder facilement aux différents points d'observations *(prendre la D 148, traverser le Loing puis prendre à droite sur la D 40, direction Nemours).*

BOURRON-MARLOTTE (77780) 2 783 hab.

Immortalisée par Renoir (Auguste) à travers son tableau *Le Cabaret de la mère Antony* (1866), cette bourgade, candidate en 2019 au titre de « Plus Beau Village de France », fut le lieu d'une intense vie culturelle et mondaine. Corot vécut ici 39 ans car il appréciait la lumière au bord du Loing, le long de la forêt de Fontainebleau. De 1855 à 1945, tout peintre qui se respectait se devait de venir faire un tour dans ce « petit Barbizon » à la limite du Gâtinais. Manet y aurait peint des fragments du *Déjeuner sur l'herbe,* alors que Sisley et Pissarro auraient plutôt été attirés par le climat de fête permanente... On y butine aujourd'hui sur leurs traces entre villas opulentes, allées secrètes et rues charmantes à parcourir sur la pointe des pieds. Côté ouest : Bourron. Côté est : Marlotte, la plus chic. Quelques bons restos offrent autant d'escales bienvenues et la forêt s'épanche partout autour, avec ses innombrables sentiers.

Façades de maisons à colombage, à Bourron-Marlotte

Où dormir ? Où manger ?

Les campeurs s'intéresseront à l'***aire de bivouac*** *(gratuite, accessible tte l'année sauf exception)* située au début du sentier de la Mare-aux-Fées, à la sortie de Bourron-Marlotte en direction de Fontainebleau. Tentes et camping-cars autorisés. Point d'eau en saison. Feux interdits.

Le Bistrot du Broc : *5-7, rue Murger. ☎ 01-64-45-64-43. Tlj sauf dim soir-lun 12h-15h, 19h-23h. Plats 22-36 €.* Le cadre est à l'image de l'assiette : traditionnel, nostalgique voire un peu théâtral... Superbe collection de panonceaux publicitaires début de siècle et moelleuse banquette de velours rouge. Au fond du resto, une cave contient quelques beautés viniques. Parmi les spécialités maison : le braisé de bœuf au foie gras et le cassoulet languedocien au confit de canard. Dommage, les prix enflent vite... Terrasse cachée bien accueillante aux beaux jours.

Le Café de la Paix : *59, rue du Général-de-Gaulle. ☎ 01-64-78-31-28. Tlj sauf dim soir et lun-mar, 10h-15h30 et 18h-22h30 (23h ven-sam). Formule déj 25 € ; menu 50 € ; plats 24-39 €.* La terrasse sur rue, à l'ombre des tilleuls, est accueillante, et les salles intérieures sont assurément cossues. La cuisine bistronomique fait la part belle aux produits locaux de saison, entre grands classiques et petites audaces. Le menu du midi est un peu en deçà, mais contente déjà bien son monde, locaux comme visiteurs de passage. Service plutôt prévenant.

À voir. À faire

➢ ***Circuit des maisons d'artistes :*** l'*Association des amis de Bourron-Marlotte (● bourronmarlotte.fr ●),* qui aime bien les plaques, en a posé quelques-unes pour vous. Nous vous proposons de les suivre. En arrivant de Fontainebleau par la ***rue Murger,*** on verra tour à tour l'ancien QG de la 2e DB où séjourna quelques jours le maréchal Leclerc (au nº 94), la résidence bourgeoise de l'écrivain Paul Morand pendant l'entre-deux-guerres (nº 84) puis, au nº 75, la villa de l'écrivain Murger, « prince de la bohème », mondain et ami des peintres, qui les attira ici à partir de 1855. L'artiste voyageur Eugène Cicéri résida au nº 57. Au nº 42, derrière sa grande grille blanche, se cache la demeure où Jean Renoir tourna *La Fille de l'eau,* 1re révélation de sa vocation cinématographique. Quant à l'immeuble du nº 37, il abritait le ***cabaret de la mère Antony,*** peint par Renoir. Zola y aurait écrit *L'Assommoir* en s'inspirant de la fille de la maison pour le personnage de Nana... Tournez ensuite à gauche dans la jolie petite ***rue Delort,*** pavée et fleurie. Le peintre italien Cesare Detti vécut au nº 23 (beau pignon), avant de le louer au romancier Paul Marguerite, membre fondateur de l'académie Goncourt. Corot résida aux nos 22-24. Au nº 16, Armand Point, peintre orientaliste devenu symboliste, réunissait chaque dimanche de nombreux artistes et artisans autour d'un méchoui ! Revenez ensuite par la ***rue Armand-Charnay*** (à droite) pour regagner le carrefour de la rue Murger. Là, dans un recoin, se cache un buste du peintre animalier Olivier de Penne, avec un chien à ses pieds. « Il n'y a pas de peintre de chiens, la place est à prendre », lui avait conseillé un ami... Attention, il est impossible de se garer dans le haut de la rue Murger : mieux vaut donc faire cette balade à pied ou à vélo.

La mairie-musée : *133, rue du Général-de-Gaulle. Lun-ven, plus sam mat, 9h-12h, 14h-17h30 (17h ven). GRATUIT.* Depuis 1907, la mairie expose des œuvres de peintres ayant résidé dans le village, comme Auguste Allongé et Armand Point (grand dessin Art nouveau à l'étage).

La mare aux Fées : *parking à la sortie de Bourron-Marlotte en direction de Fontainebleau (à gauche).* On y accède en 15-20 mn par un chemin goudronné ou, plus agréablement, par un sentier balisé sinuant entre les rochers d'escalade, sur les crêtes du rocher des Étroitures (beaux panoramas sur la forêt). Au bout, un simple étang coassant et, en mai-juin, plein d'iris jaunes. Le secteur regorge de châtaigniers, propices à une récolte automnale. L'itinéraire complet, en boucle, permet de s'offrir une balade plus longue (3h).

Itinéraire de véloroute Scandibérique : avec presque 1 700 km de parcours, la Scandibérique est la portion française de l'***EuroVélo 3***, qui relie la Norvège à l'Espagne. La partie en Seine-et-Marne permet de rejoindre le Loiret depuis l'Essonne (ou l'inverse), et de longer la Seine et le Loing sur 60 km, alors que défilent châteaux, cités médiévales, villages de caractères, musées... et espaces naturels préservés. Demandez, dans n'importe quel office de tourisme du département, la carte de la Scandibérique, qui vous indiquera où faire étape (de Bois-le-Roi à Château-Landon), où réparer sa bécane, où dormir, où se restaurer, etc. C'est relativement plat et les routes sont de bonne qualité. Roulez jeunesse !

GREZ-SUR-LOING (77880) 1 451 hab.

À 5 km au sud de Bourron-Marlotte, Grez sommeille sur les berges tranquilles du Loing, entre prairies verdoyantes, modestes ruines d'un château royal et vieille église. Au XIXe s, les artistes paysagistes de l'école de Fontainebleau attirèrent ici des disciples de tous les pays, notamment scandinaves – comme le raconte Philippe Delerm dans *Sundborn ou les Jours de lumière*. Les frères Goncourt y séjournèrent en 1863, précédant de peu l'Écossais Robert Louis Stevenson, auteur entre autres de *Dr Jekyll et Mr Hyde*, qui y rencontra sa future épouse, l'Américaine Fanny Osbourne. Aujourd'hui, l'*hôtel Chevillon,* où ils résidèrent tous, bat pavillon suédois et abrite un foyer d'artistes scandinaves, la Fondation Grez-sur-Loing.

Où dormir ?
Où manger à Grez et dans les environs ?

Camping

Camping Les Prés-Aquadis loisirs : *1, chemin des Prés. ☎ 01-64-45-72-75. • aquadis.com • ♿ À 5 mn à pied du village, de l'autre côté du pont de pierre. Ouv mars-nov. Réception 9h-12h, 14h-19h. Forfait pour 2 pers à partir de 17 €.* Ce vaste camping municipal, bien entretenu, s'étend juste en retrait du Loing (pas d'accès direct) et en lisière de forêt, avec de vastes pelouses et de nombreux petits recoins tranquilles et ombragés. Machines à laver et sanitaires chauffés (corrects). Bon accueil de la gérante anglaise. Vite complet en saison : réservez. La base de location de canoës et kayaks *Top Loisirs* est située juste en face (voir plus haut « Moret-Loing-et-Orvanne. À faire »).

De prix moyens à chic

Chambres d'hôtes Au Grez du vent : *26, rue Victor-Hugo. ☎ 01-64-31-05-17. 📱 06-40-11-78-89. • au-grez-du-vent.business.site • En plein centre. Double 88 € ; familiale. Table d'hôtes 25 €/pers (1 bouteille de vin incluse/table).* Profs au civil, Martine et Laurent louent 2 chambres ravissantes, décorées dans un style cottage anglais, chacune avec sanitaires privés et coin salon. L'une, baptisée du nom de Stevenson, est en pierres apparentes et donne sur un balcon-véranda divin avec vue sur l'église. L'autre, en hommage à Kuroda Seiki, Japonais précurseur de la peinture moderne dans son pays, est située sous les toits ; elle communique avec une chambre « complémentaire » pour les familles. Petit déj servi dans le jardinet ou en chambre... dans de la porcelaine, s'il vous plaît, avec confitures maison ! Cuisine à disposition.

À voir

Il ne vous faudra pas bien longtemps pour faire le tour de Grez. D'abord un coup d'œil à l'***église*** du XIIe s, précédée par un massif clocher-porche aux solides contreforts, sous lequel nichent les hirondelles, puis un coup d'œil à la ***tour de Ganne,*** vestige d'un château dont on attribue la construction à Louis VI le Gros en l'an 1127. Blanche de Castille s'y arrêta au XIIIe s et Louise de Savoie, mère de François Ier, y mourut de la peste en 1531 ! En contrebas : un vieux ***lavoir*** et des vergers, par lesquels on accède aux berges du Loing pour un bien joli point de vue sur le vieux ***pont de pierre.*** Détruit pendant la Seconde Guerre mondiale et reconstruit à l'ancienne, il a été emballé par Christo pour s'exercer avant le Pont-Neuf à Paris en 1985 ! Sur la rive opposée, ***les Prés du Vieux-Pont*** étalent leur grande prairie verdoyante pour un pique-nique bucolique.

Le musée-mairie : *86, rue Wilson. ☎ 01-64-45-95-15. Ouv lun-ven 10h-12h et 16h-18h, sam 10h-12h ; fermé mer et dim. GRATUIT.* La salle du conseil abrite une collection d'œuvres témoignant du séjour des artistes à Grez, dont un beau *Portrait d'Alexandre Dupérat* par l'Américain Vonnoh et *La Jeune Fille dans le pré* de Birge Harrison. Mieux vaut téléphoner avant pour s'assurer que la salle est bien accessible.

© MATTES René / hemis.fr
La tour de Ganne, à Grez-sur-Loing

À faire

– ***Descente du Loing en canoë-kayak :*** voir « À faire », plus haut, à Moret-Loing-et-Orvanne (mêmes prestataires). Le parcours de Grez jusqu'à Épisy (½ journée), puis Moret (journée entière) est certainement la plus belle partie du Loing.

– ***Tacot des Lacs :*** *à 1 km, sur la route de* ***Montcourt-Fromonville.*** *☎ 01-64-28-67-67. 06-37-69-13-63. ● tacotdeslacs.free.fr ● Avr, dim à 14h30 et 16h10 ; mai-sept, également les j. fériés, et sam à 14h30 ; juin-août, tlj à 14h30 et 16h10 ; oct, dim et j. fériés à 14h30. Tarif : 9 € ; réduc. Durée totale env 1h30.* Balade de 40 mn à bord d'un authentique vieux train sur la voie étroite (5 km) d'une ancienne sablière reconquise par la nature, entre canal du Loing et forêt. Suit la visite de la collection de locomotives et wagons du dépôt (40 mn).

CHÂTEAU-LANDON (77570) 2 842 hab.

À 14 km au sud de Nemours par la D 40 et 16 km à l'ouest d'Égreville, ce village reposant et plein de charme est surnommé le « Rocamadour du Gâtinais ». Riche de 2 000 ans d'histoire, fortifié depuis le haut Moyen Âge, il s'amarre sur un éperon rocheux souligné de bouts de remparts et de vieilles maisons, dominant la jolie vallée du Fusain. On s'y balade de lavoir en lavoir, dans un cadre très bucolique.

Adresse utile

Office de tourisme : *6, rue Hetzel. ☎ 01-64-29-38-08. ● tourisme.chateau-landon.com ● tourisme-gatinaisvaldeloing.fr ● Mar-sam 9h30-12h30, 13h30-17h30.* Demandez le plan de la ville avec circuit de découverte des monuments (4 km). Petite boutique de produits locaux.

Où dormir ? Où manger ?

Gite de La Tour : *12, rue de la Ville Forte. ☎ 01-60-39-60-54. • gites@attractivité77.fr • À partir de 800 €/sem pour 7 pers.* Dans une tour qui fait partie des remparts, un gîte de charme et de caractère (pierres, parquets, poutres) sur 2 niveaux, avec jardin et piscine (chauffée mai-sept). Depuis la terrasse, vue apaisante sur la campagne environnante. Salle de ping-pong dans une belle cave voûtée et même un billard pour les amateurs.

Le Cheval Blanc : *1, pl. du Général-Leclerc. ☎ 01-64-29-34-28. • Mar-dim 12h-14h et sam soir 19h30-21h ; fermé lun. Boutique mar-dim 9h-18h. Menu du jour 16,90 € et menu de saison 29,50 €.* Le choix est vite fait : c'est le seul bon resto du coin ! La carte, qui évolue au gré des saisons, oscille entre terre et mer, avec une belle sélection de produits locaux que l'on retrouve à l'achat, côté ***boutique.*** Bon accueil.

Où acheter de bons produits fermiers ?

Le Bio Paysan : *4, rue Jean-Galland. ☎ 09-53-95-31-14. Mar-sam 9h-19h (9h-13h les jours fériés). Fermé dim-lun.* Cette épicerie coopérative met en avant de nombreux producteurs locaux. Vous pourrez y faire le plein de bons produits fermiers : fromages, charcuteries, boissons... Tout pour composer un savoureux pique-nique ou pour rapporter chez vous le meilleur du Gâtinais. Cette boutique est aussi un joli lieu de convivialité villageoise.

À voir. À faire

Tout commence par une vue superbe depuis le ***belvédère de la place du Larry,*** la vue sur les vieilles maisons soulignant le rocher se livre amplement au regard. Entre elles subsistent plusieurs tours et bastions : la ***tour ronde du Notaire,*** où s'est installé un gîte *(• rempartsvilleforte.fr •)* et, plus avant, la ***tour Saint-Thugal,*** vestige d'une église romane, dont on s'approche par la rue de la Ville-Forte. De là, des escaliers dévalent joliment vers le Fusain par la ***poterne sud*** (80 marches), mais on vous conseille de pousser d'abord jusqu'à l'***ancienne abbaye Saint-Séverin*** (XIIe s), devenue maison de retraite. Si le lieu ne se visite pas, on peut accéder au jardin pour un autre très beau panorama sur le village fortifié et la vallée.

Rue de Saint-Séverin, les escaliers vous conduiront au pied de l'abbaye et à l'adorable ***sentier des Amoureux*** (GR 13). Il longe une des branches du Fusain. Là se multiplient les petits lavoirs restaurés (17 !), les saules pleureurs et les rosiers grimpants débordant des jardins clos. La vue sur Château-Landon et ses tours est superbe. Dans le prolongement, on atteint le ***parc de la Tabarderie,*** puis la ***zone humide des Prés Patouillats*** (panneaux pédagogiques).

Des abords du ***lavoir communal*** (le plus grand), un escalier grimpe jusqu'au pied de la grande ***église Notre-Dame*** *(tlj 9h-18h ; brochure-plan de la ville disponible si l'office de tourisme est fermé),* bel exemple de transition entre le roman et le gothique. L'essentiel date des Xe-XIIe s, à l'exception de la partie basse du bas-côté sud, ouverte par de grandes baies gothiques du XIVe s. Clocher unique, ajouré, de 57 m.

➢ Des ***boucles pédestres*** de 7, 8, 13 et 14 km permettent de découvrir le secteur. La plus courte *(circuit d'Émeraude)* reste constamment aux abords des cours d'eau. Une ***boucle vélo*** (10 km) permet en outre de rejoindre la Scandibérique. Mais vous n'êtes pas obligé d'aller jusqu'au bout. On aime celle qui s'appelle la ***vallée du Fusain,*** une large boucle de 7 km autour de la ville *(env 2h30, faible difficulté).* Le point de départ et d'arrivée est la place du marché ; on passe par tous les points d'intérêt de la ville. *Renseignements à l'office du tourisme ou sur l'application • Cirkwi •*

DANS LES ENVIRONS DE CHÂTEAU-LANDON

Le jardin-musée Bourdelle : *1, rue Dufet-Bourdelle, hameau Le Coudray,* ***Égreville.*** *☎ 01-64-78-50-90. • musee-jardin-bourdelle.fr/fr • Juste à la sortie nord d'Égreville, à 20 mn de Château-Landon ou de Nemours. Ouv avril-fin oct, mer-dim 10h30-13h et 14h-18. Entrée : 5 € ; réduc ; gratuit moins de 18 ans. Audioguide : 2 €. Activités de médiation (visites guidées, animations, ateliers) les sam après-midi, 5 € et sur résa.* Marqué par l'influence de Rodin, dont il fut le praticien de 1893 à 1908, puis enseignant de Germaine Richier, de Maillol ou encore de Giacometti, Antoine Bourdelle (1861-1929) est l'un des sculpteurs majeurs du XXe s. Sa fille a légué au conseil départemental ce beau jardin art décoratif (labellisé Jardin remarquable). Confrontés à la nature, installés dans des haies de buis, des rosiers ou au centre du potager, les 57 bronzes exposés acquièrent ici une force exceptionnelle. On y verra notamment le fameux *Héraklès archer,* les sculptures monumentales du monument au général Alvéar installées à Buenos Aires en 1926, mais également de nombreux bas-reliefs du Théâtre des Champs-Élysées à Paris, le très beau *Centaure mourant* et bien d'autres encore. Une agréable déambulation au milieu d'œuvres puissantes et expressives.

➢ **Base de loisirs de Souppes-sur-Loing :** *40, rue de Varennes. ☎ 01-64-78-50-35. • souppes.fr • Fin juin-fin août, lun-ven 12h-19h ; w-e et j. fériés 11h-19h. Tarif 2,50 €.* Dans un domaine de 10 ha, cette base propose des activités aquatiques : baignade, kayaks, pédalos, mais aussi des VTT. Jolie plage de sable blanc, avec zone de baignade labéllisé Pavillon bleu, restauration, sanitaires, etc. Location de canoës pour la descente Souppes-Bageaux *(ven-dim, 50 €/j)* également des locations à l'heure.

➢ Intéressante ***randonnée*** en boucle de 14 km à faire en 3h30 au départ de ***Lorrez-le-Bocage-Préaux,*** en descendant le *Lunain* à la rencontre des moulins de la vallée. On traverse le bocage gâtinais dont les terres, moins riches que ses voisines de Brie et de Beauce, sont plus vallonnées, plus parcellisées et closes de haies naturelles. Sur le chemin, lavoir de Paley et château de la Motte dont l'origine remonte au XVe s (ne se visite pas). Itinéraire à retirer à l'office de tourisme.

Le jardin-musée Bourdelle

MELUN ET ENVIRONS

Melun, préfecture du département, ne constitue pas le point d'intérêt majeur de ce chapitre, même si la ville a finalement de quoi surprendre. On pense d'abord au fantastique château de Vaux-le-Vicomte, l'un des plus beaux de France, inspirateur de celui de Versailles. Moins fastueux et plus martial, le château de Blandy-les-Tours vaut assurément le détour lui-aussi.

MELUN (77000) 41 346 hab.

Facile d'accès depuis Paris, Melun n'a pas la réputation des villes avoisinantes. On y passera pourtant une journée avant d'explorer les environs, ne serait-ce que pour visiter son superbe musée de la Gendarmerie, découvrir ses quelques excellents restaurants et se balader dans cette ville dont la silhouette ressemble de façon surprenante à celle de Paris, en miniature avec *l'île Saint-Etienne,* situé dans un coude de la Seine. Elle est le berceau de la ville. C'est la seule partie de la ville enceinte d'une muraille avant la construction des enceintes sur la rive nord et la rive sud au début du XIIIe s. En 1808, une prison y est construite pour les détenus en courte peine.
La petite île Saint-Nicolas, située à sa pointe lui est, rattachée en 1860. À cette époque, l'activité industrielle et artisanale se développe sur l'île qui accueille alors des entrepôts et des activités avec l'implantation notamment d'une minoterie, et de brasseries. De nos jours, l'île est devenue le centre culturel abritant, l'université, la médiathèque et le musée.

Adresses et infos utiles

ℹ ***Office de tourisme du Melun Val de Seine :*** *26, pl. Saint-Jean.* ☎ *01-64-52-64-52.* • *melunvaldeseine-tourisme.com* • Plein d'infos sur la ville et la région données par des personnes qui connaissent leur sujet. Autre avantage : belle boutique remplie de spécialités locales.

– ***Marché :*** *en centre-ville, mer et sam matin, sous la halle et le long de la rue de Gaillardon et de l'allée du marché.*

Où manger ?

Prix moyens

🍴 ***La Table de Dimitri :*** *9, rue Jacques-Amyot.* ☎ *01-64-09-42-16.* • *latablededimitri.fr* • *Tlj sauf dim et mer et les lun-mar et jeu en soirée. Formules midi 19,90-28,50 €, menu soir 33,50 € ; plats 15,90-20,50 €.* Sur la rue commerçante de la rive sud, Dimitri propose ce que l'on cherche : des plats maison sans fioritures qui ont le goût des choses. Par exemple, de vraies bonnes frites, servies avec une viande grillée et une sauce au gorgonzola. Le service familial est aussi sympa que doux, comme les prix.

Chic

🍴 ***R.Mana :*** *11, rue de la Libération.* ☎ *01-64-52-09-09.* • *rmana.fr* • *Mer-sam 12h30-13h30 et 19h-21h15, dim 11h-13h30. Fermé lun-mar. Boutique : mer-sam 10h-19h et dim 10h-13h, fermé lun-mar. Formules midi en semaine 32 € ; carte 47-63 € ; plats*

24-34 €. C'est une affaire de famille : 2 sœurs (d'où le nom du resto), l'une en cuisine, l'autre en salle. Dans les environs, la maman, souvent au comptoir de ***l'épicerie fine*** à l'entrée (miel, confitures, pâtisseries, caviar, etc.). Un ficus trône au milieu de cette très jolie salle aux tons crème, à la moquette zébrée et au plafond en charpente. Et dans l'assiette ? Une cuisine semi-gastro élégante, bien équilibrée entre écaille, poil et plume. Pour nous, c'est la meilleure table de la ville.

À voir. À faire

> **SE METTRE SUR SON 31 ? REÇU 7 SUR 7 !**
>
> *L'expression date de... 1931. L'armée française crée cette année-là de nouvelles tenues pour tous ses officiers, gendarmerie mobile incluse. Ces derniers seront les 1ers à porter ces costumes flambants neufs, et donc « à se mettre sur leur 31 ».*

Musée de la Gendarmerie : *1-3, rue Émile-Leclerc. ☎ 01-60-59-17-80. • gendarmerie.interieur.gouv.fr • Tlj sauf mar, oct-fin mars 10h-17h30 ; avr-fin sept 10h-18h. Entrée : 7 € ; réduc ; gratuit moins de 18 ans, étudiants de moins de 26 ans et ts les 1ers dim du mois. Durée de la visite : env 1h30.* Le flamboyant symbole doré de la gendarmerie, la grenade, s'affiche en grand sur la devanture du site et annonce la couleur. À quelques pas de l'École des officiers de gendarmerie, ce musée est une réussite : il brille par sa scénographie ingénieuse et dynamique, ses très nombreux costumes, sa pléiade d'informations insolites et sa large couverture historique. Pensez-donc : l'histoire de la maréchaussée commence au... XIIe s ! Son nom changea sur ordre de Napoléon et devint gendarmerie.

La longue histoire de cette force armée est représentée par ***une impressionnante vitrine suspendue de 3 étages*** (la plus grande d'Europe), qui traverse le centre du musée et se lit comme une sorte de frise chronologique. Dans cette cage de verre, une trentaine de mannequins à taille humaine, parfois à cheval, portent les costumes d'époque et racontent chacun une histoire. Autour de cette cage sont exposés d'autres costumes, des accessoires, des véhicules, des armes et des témoignages du passé, ancien ou récent... Comme cette portière de voiture de patrouille criblée de balles, douloureux souvenir des échanges de tirs en 2015 entre les forces de l'ordre et les terroristes de *Charlie Hebdo,* abattus à Dammartin-en-Goële (non loin d'ici). Intéressante section sur les gendarmes des colonies, les maitres-chiens, la brigade de déminage et le GIGN, sans oublier une superbe collection de casques de la garde républicaine de Paris. Dans la dernière salle, la gendarmerie fait même preuve d'autodérision, en exposant les multiples caricatures dont elle a fait l'objet dans l'histoire, comme avec Guignol et le gendarme Flageolet...

Le parc Debreuil : *dans le centre, rue de la Montagne-du-Mée.* Un petit îlot de verdure, idéal pour la promenade, l'activité physique (il y a un parcours sportif en 17 étapes) ou la pêche (réglementaire, cela va de soi) dans le petit étang. Le propriétaire qui a donné son nom au parc introduisit fin XIXe de nombreuses espèces végétales : chrysanthèmes, nymphéas... et un arbre remarquable qui fait figure de star des lieux : un noyer noir d'Amérique de 23 m de haut.

Musée d'art et d'histoire de Melun *: 5, rue du Franc-Mûrier. ☎ 01-64-79-77-70. Mer-dim 14h-18h. Entrée : 2 €, réduc.* Installé dans un ancien hôtel particulier du XVIIe s, il présente bien entendu l'histoire de la ville, mais aussi l'itinéraire d'un artiste comme Henri Chapu (1833-1891), enfant du pays, et peintre officiel auteur de nombreux portraits de la bonne société de l'époque.

Balade « vélos et fromages » : *de l'Hôtel du département de Melun au 12, rue Saint-Père, à **Souppes-sur-Loing.** Distance : 70 km, niveau facile.* Une idée géniale : relier les meilleurs sites fromagers, labellisés par le département, via des circuits sillonnant la contrée. Au fil de la route, on visite des fermes, des caves d'affinage, des marchés, des ateliers de transformation...

Le circuit n° 2, baptisé ***EuroVélo 3 Scandi Tronçon Sud,*** part de Melun, longe la Seine puis le Loing vers le sud et traverse ainsi Fontainebleau, Thomery, Nemours jusqu'à Souppes-sur-Loing. Les adresses et l'itinéraire sont à retrouver sur • *seine-et-marne.fr* •

➢ ***Boucle pédestre de Savigny-le-Temple :*** départ de la gare de Savigny-le-Temple coté ville, 22 km, niveau moyen, env 5h30-6h. Prévoyez un pique-nique. Un circuit intéressant qui traverse la ville nouvelle de Sénart par ses canaux et bassins, fait passer par la ***forêt régionale de Rougeau*** (qui mérite une balade à elle-seule) et offre de beaux points de vue sur la vallée de la Seine. • *cirkiwi.com/circuit/368771* •

DANS LES ENVIRONS DE MELUN

Le musée de l'Aviation de Melun-Villaroche : *☎ 01-60-59-41-66.* • *mamv.fr* • *À 12 km au nord de Melun.* Dans un hangar du type Eiffel récupéré en Allemagne et reconstruit à Melun en 1952. Visite sur résa par des bénévoles passionnés. Présentation de nombreux avions légendaires (MIG 15, Spitfire, Mustang, Corsair, Rafale...) dont beaucoup de la 2de Guerre mondiale mais aussi plus récents, certains en état de vol et d'autres en cours de réparation.

Forest Arena : *10, rue de Maisonement, 77240 **Cesson.** 06-65-17-46-66. Horaires et tarifs sur* • *Forestarena77.fr* • *Ouv mars-nov. À 8 km au nord-ouest de Melun.* Un parc d'aventure qui propose diverses activités en forêt : course d'orientation, miniquad électrique, *escape game, archery battle,* chasse au trésor et accrobranche avec plusieurs parcours.

Westfield Carré Sénart : *3, allée du Préambule, 77127 **Lieusaint,** à 16 km au nord-ouest de Melun. ☎ 01-64-13-60-60.* • *fr.westfield.com/carresenart* • *Tlj 10h-20h30, dim 10h-19h.* Un centre commercial immense, avec 205 boutiques réparties sur 113 000 m² mais aussi des restaurants et des activités de loisirs.

Salle d'escalade Hapik : *Centre commercial Carré Sénart, 3, allée du Préambule, 77127 **Lieusaint.** ☎ 01-60-02-34-72. Horaires et tarifs sur* • *hapik.fr* • Un espace de grimpe coloré de 1 100 m² avec de nombreuses activités verticales pour découvrir les joies et les frissons du fun climbing.

La forêt de Sénart : ***Épinay-sous-Sénart,*** *23 km au nord-ouest de Melun.* Belles randonnées en perspective dans cette luxuriante forêt de 3 000 ha dotée d'une grande biodiversité ; outre l'***étang Follet*** (12 ha), concentré de faune et de flore, on aime, à l'extrême sud, la ***Faisanderie de Sénart,*** ancien pavillon de chasse du XVIIIe s exposant à ciel ouvert 19 sculptures modernes.

➢ ***Base de loisirs de Bois-le-Roi :*** *rue de Tournezy, **Bois-le-Roi.** ☎ 01-64-81-33-00.* • *ville-boisleroi.fr* • *Oct-avr tlj 8h-19h, mai-sept 9h-21h. À une dizaine de km au sud de Melun.* Calme et volupté dans la forêt de Fontainebleau : pourtant, on ne s'ennuie pas ! Tennis, golf, équitation, VTT, tir à l'arc, bateau, baignade... Tout y est.

LE CHÂTEAU DE VAUX-LE-VICOMTE

Parmi les plus beaux châteaux d'Île-de-France, Vaux-le-Vicomte donna à Louis XIV l'idée de construire Versailles. Fier, élégant, planté en pleine campagne, il reste l'un des symboles de la magnificence du Grand Siècle, produit du talent des plus grands artistes de ce temps.

© GARDEL Bertrand/hemis.fr

Château de Vaux-le-Vicomte, vue sur les écuries

Où dormir ? Où manger dans les environs ?

Prix moyens

|●| ☂ ***La Vieille Auberge :*** *19, RN 105, 77115* ***Sivry-Courtry.*** *☎ 01-64-71-07-77. • lavieilleauberge77.com • À 8 km au sud-est de Vaux-le-Vicomte. Mar-dim 12h-14h et les soirs de concert. Fermé lun. Menus 24-45 € ; plats 17 €.* En hiver, le feu crépite dans la cheminée de la grande salle de bistrot aux nappes blanches, animée certains vendredis par un groupe de jazz manouche – à moins que la soirée ne soit plutôt au flamenco ou au rockabilly. Le boss était dans la musique, avant de passer derrière les fourneaux. En été, c'est dans le jardin ombragé que l'on se délecte d'une cuisine de terroir (très) copieuse, où les produits frais sont bien choisis et travaillés avec une touche de créativité. L'accueil gentil et discret ne gâte rien ! Seule la situation sur la nationale n'est pas terrible.

Chic

🏠 |●| ***Chambres d'hôtes Château de Courtry :*** *12, rue du Château, hameau de Courtry, 77115* ***Sivry-Courtry.*** *☎ 01-60-69-36-01. 📱 06-62-79-78-20. • daggabrunn@gmail.com • À 5 km au sud-est de Vaux-le-Vicomte. Doubles à partir de 99 €. Table d'hôtes sur résa 29-39 € (aux chandelles pour le plus cher).* Caché dans un écrin de verdure, entouré de ses anciennes douves (à sec), ce petit château aux bases médiévales, en grande partie reconstruit aux XVIIe-XVIIIe s, ne manque pas d'allure. Les 3 chambres, au 2e étage, ont un certain cachet : tomettes, poutres, c'est selon. La plus grande (40 m²) révèle même une belle charpente. Attention, la chambre ronde, dans la tour, et l'orange, sont accessibles uniquement par un escalier à vis étroit (on montera vos bagages). Une adresse charmante, à l'accueil fort sympathique.

À voir

Le château

*77950 **Maincy.** ☎ 01-64-14-41-90. • vaux-le-vicomte.com • Jardins et château : avr-déc tlj 10h-17h30 (dernier accès). Fermé janv-mars. Entrée jardins, château et musée des Équipages : 17 € ; réduc ; gratuit moins de 6 ans. Pass annuel possible.*

– ***Accès :*** *navette « Châteaubus » depuis la gare de Melun. Tarif : 5 €, résa obligatoire sur le site.*

– ***Parcours sonore immersif*** (adulte/famille) ***:*** le billet d'entrée inclut l'usage de casques permettant la perception des sons « en 3D » en quelque sorte. Des scènes relatant la vie de Fouquet et la construction du château s'animent au moment où le visiteur entre dans une pièce, après avoir monté l'escalier en compagnie de Fouquet.

– ***Visite aux chandelles :*** *juil-oct, sam 19h30-22h30 (accès possible à partir de 14h). Entrée : 18 € ; gratuit moins de 6 ans. Le château ferme au public entre 18h et 19h pour l'installation des bougies. Un conseil : commencer par la visite du château pdt que la majorité des visiteurs prend le temps de dîner (env 19h-20h30).* Les jardins, les salons d'apparat et les salles du sous-sol sont éclairés de plus de 2 000 bougies. Une visite magnifique.

VENDU AUX ENCHÈRES

En ruine et vidé, le château fut abandonné pendant 40 ans. En 1875, Alfred Sommier, jeune industriel dans le sucre, le racheta à la bougie. Il passa une bonne partie de sa vie (et de sa fortune) à restaurer l'édifice et les jardins et à remeubler le château. Les propriétaires actuels sont ses arrière-arrière-petit-fils.

– ***Jeux d'eau et cascades :*** *mars-oct, ts les 2e et dernier sam, 15h-18h.*

– ***Visite des jardins en voiture électrique :*** *20 €. Durée : 45 mn. 4 places.*

– ***Visite ludique pour les enfants :*** livret de jeux et d'énigmes sur le château et son jardin. Documents remis gratuitement aux enfants.

– ***Le Styx, rivière des enfers :*** *2-8 pers, 75 € ; principalement possible en saison et pdt les vac scol zone C ; se renseigner.* Un petit parcours scénarisé ludique et guidé vous mène, en bottes et lampe frontale, dans la rivière souterraine détournée par Le Nôtre.

– ***Différentes animations selon les moments de l'année :*** décors et illuminations pendant les vacances de Noël. Location de costumes pour les enfants toute l'année.

Un libre-service, ***Le Relais de l'Écureuil,*** installé dans les dépendances du château *(ouv 12h-17h30 et jusqu'à 23h lors des soirées aux chandelles ; carte env 25 €),* propose des plats du jour simples (salades, grillades) dans un cadre rustique. Grande terrasse sur cour, genre cour de ferme.

Possibilité de ***pique-niquer*** sur l'herbe le long du Grand Canal au bout du parc (marche de 20 à 30 mn) ou sur les tables de pique-nique face à l'entrée des guichets.

Il était une fois...

... un château de rêve construit par ***Nicolas Fouquet,*** surintendant des Finances sous Mazarin. Il amassa une énorme fortune et décida de posséder une demeure au niveau de ses ambitions et de sa devise : « *Quo non ascendet ?* » (« Jusqu'où ne montera-t-il pas ? ») De sinistres marécages, il décida de tirer un domaine superbe. Il s'adjoignit pour cela le talent des artistes les plus doués de l'époque : ***Louis Le Vau*** pour l'architecture, le peintre ***Charles Le Brun*** pour la décoration et ***André Le Nôtre*** pour l'aménagement des jardins. Les travaux rapides (1656-1661) nécessitèrent plus de 18 000 travailleurs.

LA DÉMESURE DE FOUQUET

À l'instar des grands bourgeois de l'époque, Fouquet acheta toutes les terres aux alentours du château. Afin de constituer son magnifique domaine, il fit table rase de l'ancien château féodal, des hameaux et du village après avoir signé environ 200 actes notariés. Le chantier pharaonique nécessita même d'araser les collines et de déplacer le lit de la rivière pour créer les jardins à la française.

Le 17 août 1661, Fouquet convia le jeune Louis XIV à la « pendaison de crémaillère », employant ***Vatel*** aux fourneaux et ***Molière*** pour l'animation culturelle. Le Roi-Soleil, prit-il ombrage d'un tel luxe, ou Fouquet fut-il victime de la jalousie de ***Colbert ?*** Toujours est-il que le surintendant fut arrêté à Nantes 15 jours plus tard par le comte d'Artagnan : on le jeta en prison et ses biens furent confisqués. La manufacture de tapisseries déménagée à Paris devint les Gobelins, et les artistes qui avaient contribué au succès de Vaux-le-Vicomte furent engagés à l'édification du château de Versailles, qui sans cela n'aurait certainement pas le profil qu'on lui connaît.

À la suite de son procès, Fouquet fut condamné au bannissement. Mais le roi le maintint en prison... jusqu'à la fin de sa vie. L'orgueilleux terminera ses jours dans la forteresse de Pignerol, malgré les efforts de ses amis, Mme de Sévigné et La Fontaine, pour tenter de le réhabiliter.

Ce n'est qu'en 1965 que Vaux fut classé Monument historique, menacé par la construction d'une autoroute. C'est aujourd'hui le plus grand domaine privé de France.

La visite

Avant d'entrer, placez-vous devant le château pour observer la perspective. À travers le château, on aperçoit les jardins et la statue d'Hercule à quelque 1 200 m de là.

À l'intérieur, on visite toutes les pièces du sous-sol et du rez-de-chaussée, ainsi qu'une partie du 1er étage (dôme en option). On vous laisse compter les ***écureuils, emblème de Fouquet.***

Au 1er étage, vous verrez entre autres pièces remarquables :

– ***L'antichambre :*** quelques reproductions d'œuvres italiennes ayant appartenu à Fouquet, ainsi qu'un superbe cabinet en placage d'ébène (XVIIe s).

– ***Le cabinet du surintendant :*** statue d'Orant, la sculpture préférée de Fouquet et, au-dessus de la cheminée, le seul portrait de Mme Fouquet, commandé pour leur mariage : *La Beauté coupant les ailes de l'Amour.* Dans le couloir, 2 très belles éditions des *Fables* de La Fontaine.

– ***La chambre de Fouquet :*** admirez le fantastique plafond de Jean Cotelle, sans aucune retouche depuis le XVIIe s. C'est la pièce où Fouquet dormit avant son arrestation. Jolies *tentures des Mois* (janvier, août, novembre et avril) attribuées à Lucas de Leyde.

– ***Le cabinet de Mme Fouquet :*** avec un superbe cabinet en écaille rouge du XVIIe s.

– ***Le cabinet La Fontaine :*** buste de La Fontaine en terre cuite devant 6 tapisseries (qui formaient à l'origine un paravent) illustrant 6 fables telles que *Le Coq et le Renard, Le Loup et la Cigogne...* Ami et protégé de Fouquet, il l'avait prévenu de son arrestation et implorera la clémence de Louis XIV.

SACRÉ LA FONTAINE

Chacun d'entre nous a appris des Fables *de La Fontaine, bien gentilles, bien moralisatrices. Notre gloire nationale a aussi écrit des contes libertins, voire paillards, dont certains, il faut l'avouer, sont sacrément drôles. Ajoutez à cela ses aventures extraconjugales... Bref, sa femme l'a quitté sans regret.*

– ***Le dôme :*** accès *(payant ; 3 €)* par un escalier étroit d'où l'on peut admirer la magnifique charpente. Depuis le balcon circulaire, vue somptueuse sur les jardins. On prend alors pleinement conscience du génie de Le Nôtre.

Au rez-de-chaussée, notre sélection :

– ***Les maîtres créateurs :*** exposition d'une série de portraits des artistes qui travaillèrent au château pour Fouquet : André Le Nôtre, jardinier (1613-1700), Louis Le Vau, architecte (1612-1670), Charles Le Brun, décorateur (1619-1690).

– ***La chambres des Muses :*** magnifique plafond peint par Le Brun, représentant les 9 Muses. Ici, Molière joua pour la 1re fois *L'École des maris,* devant la reine Henriette d'Angleterre et Fouquet. 5 superbes tapisseries réalisées en 1630, de la série Aminte et Sylvie, qui remplacent celles prises par le roi.

La chambre du Roi

– ***Le cabinet des Jeux :*** au plafond, l'une des plus belles œuvres de Le Brun, *Le Sommeil.* Pour réaliser la décoration de Vaux, Le Brun s'y était installé 2 ans avec sa femme. Table à jeux Louis XV pour s'essayer au jacquet ou à la bassette, très à la mode en leur temps.

– ***Le Grand Salon :*** « Le 17 août à 18h, Fouquet était le roi de France ; à 2h du matin, il n'était plus rien », raconte Voltaire. En quelques heures, il connut la gloire et la déchéance dans cette pièce qui est le 1er salon en rotonde construit en France sur une idée italienne. L'arrestation de Fouquet interrompit les travaux. La fresque du plafond reste inachevée mais des travaux de restauration sont en cours pour y projeter le plan initial prévu par Le Brun.

– ***La chambre du Roi :*** elle est la plus ornée de Vaux et donna naissance au style Louis XIV qui servit de modèle pour Versailles et les palais d'Europe. Au plafond figurent les dieux Mars, Vertumne (dieu étrusque ou italien, protecteur de la végétation), Jupiter et, entre les fenêtres, Mercure. La toile centrale de Le Brun représente *La Vérité soutenue par le Temps.*

– ***Les cuisines :*** elles sont précédées de nombreux garde-manger et celliers. L'abondance des ustensiles présentés tient au fait que la grande cuisine a servi jusqu'en 1956. Aux murs, quelques exemples de menus pour vous mettre en appétit.

– Pour finir, la visite des ***jardins*** permet de mesurer le talent de Le Nôtre, « jardinier débutant » à Vaux. Il sut transformer la nature pour en faire une œuvre d'art. Le parc représente une succession de terrasses en 3 plans, ornées de parterres de broderies, de gazon, statues et jeux d'eau qui mènent à une petite rivière : l'*Anqueuil.* Il a su utiliser de façon spectaculaire la topographie de l'endroit, créant un véritable prototype de jardins à la française avec de nombreuses illusions d'optique par le reflet. Superbe !

– À voir encore, le ***musée des Équipages*** *(inclus dans le billet),* installé dans les écuries. Collection de voitures exposées avec leurs chevaux harnachés, cochers et passagers (coupés, berlines, phaétons, voitures de poste...).

LE CHÂTEAU DE BLANDY-LES-TOURS

Le château de Blandy-les-Tours *(77115) : à 3,5 km à l'ouest de* ***Champeaux*** *en direction de Vaux-le-Vicomte. ☎ 01-60-59-17-80. • chateau-blandy.fr/fr • ♿ (rdc). Accès : navette « Châteaubus » depuis la gare de Verneuil-l'Étang. 5 A/R tlj fin mars-début nov, en correspondance avec les trains. Ouv déc 13h-18h30, avril-oct et mars. Fermé les mardis, en janv-fév et nov. Entrée : 7 € ; réduc ; gratuit moins de 18 ans. Audioguide : 3 €. Visites commentées, visites enfants, jeux et ateliers le w-e et pdt vac scol (2-5 €). Spectacles et animations régulières, se renseigner sur le site (concert, danse, théâtre, arts numériques, performances, ciné en plein air, etc.)*

Château de Blandy-les-Tours

Voici ***l'un des derniers témoins de l'architecture militaire médiévale d'Île-de-France.*** Datant des XIIIe-XIVe s, il fut tour à tour manoir, château, puis simple ferme avant de tomber en ruine. On a même mis au jour des tombes mérovingiennes dans son sous-sol ! Son impressionnante enceinte a été superbement restaurée selon les plans du XVIIe s, période où il présentait sa forme la plus complète. Elle est greffée de 5 tours et d'un donjon de 30m de haut, inhabituellement placé sur le flanc et non au centre. Ce dernier avait même un accès direct vers l'extérieur. Risqué !

Pour bien comprendre l'évolution des lieux, on vous conseille de regarder les 2 petits films (10-15 mn) dans la ***salle d'exposition,*** à l'entrée, où l'on découvre aussi une grande maquette et quelques objets exhumés pour la plupart... dans les latrines ! Leur analyse a permis aux archéologues de reconstituer l'alimentation à l'époque. Ensuite, direction la cour, où l'on remarque au sol les contours de l'ancienne chapelle et du logis, avant de pénétrer dans le ***donjon*** (notez la vénérable herse du XIVe s, la seule de ce type en France avec celle d'Angers), avec cheminée et accès aux latrines à chacun de ses 6 niveaux. Du sommet, la vue panoramique sur les environs est superbe. On redescend ensuite de 2 étages pour enchaîner avec le tour complet des remparts par le ***chemin de ronde*** et les courtines, de tour en tour. On passe même un instant sous la charpente de la ***salle haute de l'Auditoire.*** Un bel endroit, un peu vide mais qui n'a rien de figé, puisque l'on y organise souvent des événements culturels.

L'appli du château ***Complot à Blandy-les-Tours*** propose une visite trépidante entre mini-jeux, quizz et reconstitution en réalité virtuelle. Avec cette énigme : qui en veut à la dame du château ?

Où dormir ? Où manger dans les environs ?

Prix moyens

La Ferme du Couvent : *77720* ***Bréau*** *(6,5 km à l'est de Champeaux).* ☎ *01-64-38-75-15.* *06-18-10-91-68.* • *ferme.couvent@wanadoo.fr* • *Doubles 65-70 € ; familiale ; petit déj inclus.* On débarque ici dans une vieille ferme briarde entourée de 7 ha de terres et... d'une piste d'atterrissage pour ULM et hélicos ! Le lieu est apprécié pour les mariages, ce qui nous pousse à vous conseiller de ne venir qu'en semaine pour profiter du paysage au calme. On choisit entre les 5 chambres d'hôtes fonctionnelles et confortables, et la roulotte (avec salle de bains) pour les escapades romantiques. Dommage que cette dernière ne soit pas située dans un recoin plus secret. Très bon accueil.

Le 12 Vin : *19, pl des Tours, à* ***Blandy-les-Tours.*** ☎ *01-60-66-90-66. Fermé le dim soir, mar et mer. Plats 19-24 € ; carte 36-54 €.* Quelle jolie terrasse ! Plantée face à l'enceinte du château, elle n'est pourtant que la mise en bouche. Suit une cuisine traditionnelle de qualité, sans folie ni fausse note, troussée par un chef qui a de la bouteille (et une belle cave). L'accueil est sympathique, même au moment du coup de feu.

L'entourloupe : *5 place des Tours, à* ***Blandy-les-Tours.*** ☎ *01-75-18-30-72. Fermé lun, mardi et dim soir. Plats 20 € ; carte env. 30-35 €.* Que nenni, au pied du château, pas d'embrouilles, au contraire, voici un sympathique restaurant (cheminée l'hiver et terrasse l'été) proposant une cuisine simple et copieuse qui se renouvelle au gré des saisons. Il fait bon aussi y prendre l'apéro avec les habituées du coin dans une ambiance conviviale. Soirées musicales de temps à autre.

DANS LES ENVIRONS DE BLANDY-LES-TOURS

La collégiale Saint-Martin de Champeaux : • *collegialedechampeaux.com* • *Tlj 9h-18h (19h en été) sauf offices.* Longue de 68 m, cette ancienne collégiale, inspirée des cathédrales de Paris et de Sens, fut au moment de sa construction (1160-1315) l'un des plus grands sanctuaires d'Île-de-France. La nef à voûtes sexpartites et l'alternance des colonnes fortes et légères donnent une belle élégance au vaisseau de pierre malgré sa sobriété. On verra les stalles de 1522, sculptées de personnages, centaures et dromadaires, et les grandes dalles funéraires (les plus belles sont dans le chœur).

Détail de décoration de maison, à Champeaux

AUTOUR DE MARNE-LA-VALLÉE

La ville nouvelle de Marne-la-Vallée englobe 26 communes et 293 km² de Bry-sur-Marne à Bailly-Romainvilliers (Villeneuve-le-Comte sera ajoutée plus tard). Son territoire s'étend sur 20 km de long, délimité au nord par la Marne, et sur 3 départements (Seine-Saint-Denis, Val-de-Marne et majoritairement en Seine-et-Marne). Tout au long de la ligne du RER A, on peut d'ailleurs voir évoluer les choix d'urbanisation, jusqu'à Val d'Europe et au parc Disneyland Paris. Marne-la-Vallée n'est donc pas une ville, mais plutôt une forme d'agglomération, au tissu géographique très varié, composé d'anciens villages et de zones pavillonnaires, de vastes zones commerciales, mais aussi de secteurs plus modernes bâtis d'immeubles, le tout contrairement à ce que l'on imagine entrecoupé de nombreux espaces verts (forêts, parc, espaces naturels sensibles...), vestiges des anciennes forêts d'Île-de-France ou création contemporaine, en vue de donner au territoire un rayonnement européen extraordinaire.
La ville nouvelle est divisée en 4 secteurs. Les villes de Champs-sur-Marne, Croissy-Beaubourg, Émerainville, Noisiel, Lognes et Torcy constituent le secteur 2 de Marne-la-Vallée, appelé Val Maubuée. Il fait aujourd'hui partie de la communauté d'agglomération Paris – Vallée de la Marne. Dès 1972, la conception du Val Maubuée est confiée à un groupe d'urbanistes placés sous la direction de Michel Macary. De jeunes architectes, aujourd'hui mondialement connus, vont participer à cette aventure exceptionnelle : Christian de Portzamparc, Antoine Grumbach, Roland Castro, Jean Nouvel, Francis Soler, Bernard de la Tour d'Auvergne, Alain Sarfati... Par leurs réalisations, le Val Maubuée a été un véritable laboratoire de l'architecture française de la fin du XXᵉ s.

VILLAGES NATURE® PARIS

Un village de loisirs à la fois attractif et basé sur un tourisme durable et responsable imaginé par de grands architectes français.

Infos utiles

– ***Infos et résas :*** *☎ 0891-701-600 (0,25 €/min)* • *centerparcs.fr* • On peut profiter des activités sans dormir sur place : *entrée à la journée 35-50 € adulte, 20-40 € enfant. Parking payant.* Sur place, les trajets se font à vélo, en voiturette de golf... ou à pied !

Où dormir ?

3 types d'hébergements possibles. Les ***appartements*** peuvent accueillir de 2 à 4 personnes, et les ***cottages*** (logements individuels plus proches de la forêt) de 4 à 12 personnes, avec une gamme de prix allant du *comfort* (pour les cottages seulement) au *VIP* en passant par le *premium*. Pensez aussi à regarder sur leur site internet les offres promotionnelles.

À faire

– Grâce à la géothermie, on peut se baigner dans ***l'Aqualagon*** et le lagon extérieur toute l'année dans une eau à 30 °C. Au menu, piscine à vagues, rivière à courant en extérieur, toboggans géants, jacuzzis et bassin dédié aux tout-petits. Également un spa.
– Chèvres, poneys, lapins, animaux de la basse-cour, la ***ferme Bellevie*** offre une véritable immersion dans le monde de la ferme. Restaurant sur place. De nombreuses animations et ateliers pour apprendre en s'amusant.
– Jeux grandeur nature, cabinets de curiosités et orgues à senteurs ponctuent le parcours de découvertes des ***Jardins extraordinaires.*** Véritable festival de couleurs et de senteurs, de formes et de matières.
– Dans un écrin boisé de 2,5 ha, la ***forêt des Légendes,*** inspirée des légendes de la forêt, est surtout destinée aux enfants de 2 à 12 ans, avec des aires de jeux et des ponts suspendus.
– La ***promenade du lac,*** quant à elle, invite à flâner, se restaurer et découvrir les enseignes de Villages Nature® Paris. Produits frais et plats gourmands à déguster sur place.

Parcours Aventure® Davy Crockett Aventure : *Villages Nature entrée ouest ou entrée journée, 1, rue du Pré-des-Merlans, 77700* ***Bailly-Romainvilliers.*** *Autoroute A 4, sortie nº 13. RER A, arrêt Marne-la-Vallée – Chessy puis bus Pep's nº 47 ou arrêt Serris – Val d'Europe puis bus Pep's nº 32. Tarif 15-29 € selon taille et parcours, 31 € en nocturne à certaines dates. Réduc couverture et fermeture. Résa obligatoire pour entrer sur le site de Villages Nature® et pour bénéficier de la gratuité du parking. • aventure-aventure.com • Accompagnateur non pratiquant 8 €. Voir calendrier des j. et horaires d'ouv sur le site. Fermé nov-janv.* Un grand parc d'accrobranche aux portes de Paris qui propose 8 parcours depuis le parcours sans baudrier pour les 3-5 ans, jusqu'au parcours noir très athlétique pour les grands sportifs, en passant par tous les niveaux intermédiaires, on est sûr de trouver le parcours qui convient à sa forme et à son vertige. Aire de pique-nique installés en forêt, snack pour se requinquer à son retour sur le plancher des vaches.

LA VALLÉE VILLAGE

Un centre commercial haut de gamme à ciel ouvert avec plus de 120 marques mode et luxe à prix réduits en magasins *outlet*. Les fashion victimes vont adorer ! Et bien entendu des restaurants et tous les services qui vont avec. Les boutiques sont abritées dans de jolies maisons ou cottages, ce qui rend le shopping plus agréable.
– 3, cours de la Garonne, 77700 ***Serris.*** *RER A : Val d'Europe. Ouv 7j./7 10h-20h. Espace accueil : ☎ 01-60-42-35-00 • thebicestercollection.com •*

Où dormir ?

Eklo Marne-la-Vallée : *1, av. de Couternois, 77700* ***Serris.*** *☎ 01-85-49-17-70. À 10 mn en bus de Disney. • eklohotels.com • À partir de 48 €/pers et 22 € en dortoir. Resto formule midi 15 €, plats 15 €. Parking. Bar, superette, salle de travail, salon...* Un nouveau concept d'hôtel écolo multifonctions avec différents types de chambres, dont des dortoirs design pour 6-8 personnes et des espaces communs agréables et conviviaux. C'est plutôt bien conçu, le personnel est sympa et le rapport qualité-prix appréciable. Un vrai bon plan.

À voir

L'aquarium SEA LIFE Paris Val d'Europe : *centre commercial Val d'Europe, 14, cours du Danube, 77711* ***Marne-la-Vallée Cedex 4.*** *☎ 01-60-42-33-50. • visitsealife.com • ♿ (au sous-sol de l'espace Restauration du centre commercial). RER A, station : Val d'Europe. Tlj 10h-18h30 (dernière admission 1h avt la fermeture). Entrée : 21 € ; 3-11 ans 17 € (réduc de 10 % sur résa Internet).* Ce complexe multi-aquariums ne fait pas dans le gigantisme. Au contraire, chaque bassin est adapté à la taille des enfants. Mais on est ici surtout pour apprendre. On découvre les habitants cachés de notre bonne vieille Seine, la faune et la flore des estuaires, l'environnement des côtes françaises, les animaux évoluant dans les grandes profondeurs (jusqu'à - 800 m !), les mystères de la cité engloutie de l'*Atlantis,* et un petit tunnel transparent pour se retrouver entouré de raies et de requins. Tout cela est habilement décoré et donne au parcours un vrai parfum d'aventure. Exposés, ateliers et nourrissages à différents horaires selon les espèces.

CHAMPS-SUR-MARNE (77420) 25 195 hab.

Le château de Champs-sur-Marne

– ***Renseignements :*** *31, rue de Paris. ☎ 01-64-62-74-42. • chateau-champs-sur-marne.fr •*
– ***Horaires :*** *tlj sauf mar 10h-12h15, 13h30-18h (17h oct-fin mai). Dernier accès 30 mn avt. Le parc ferme 30 mn plus tard. Fermé 1er janv, 1er mai, et 25 déc.*
– ***Entrée :*** *♿ 8 € ; réduc ; gratuit 1er dim du mois nov-mars et moins de 18ans. Librairie-boutique-billetterie dans le pavillon de la cour. Compter 1h30-2h de visite pour l'intérieur.*

© GARDEL Bertrand / hemis.fr

Entouré de splendides jardins à la française, le château fut dès son origine conçu comme une villégiature confortable et raffinée, idéale pour des séjours à la campagne. Son organisation intérieure est originale pour l'époque ; les pièces sont indépendantes et desservies par un couloir, les chambres disposent de cabinets et de garde-robes et la salle à manger est l'une des 1res pièces de ce type exclusivement destinées à cette fonction. Aujourd'hui, son atout principal, outre d'être à taille humaine, réside dans sa ***magnifique collection de meubles,*** l'une des plus riches d'Île-de-France.

Il était une fois...

L'histoire du château de Champs-sur-Marne est riche en rebondissements. Il est construit par J.-B. Bullet et son fils sur les fondations d'un ancien château, pour le compte de 2 des nombreux financiers de Louis XIV, entre 1703 et 1708. ***La Pompadour,*** qui y séjourne entre 1757 et 1760 met le château au goût du jour avec des chinoiseries, des décors rocaille et fait aménager des boudoirs. En 1763, son propriétaire, le ***duc de La Vallière,*** vend le domaine. Sauvé en 1801 par le ***duc de Lévis*** après les pillages de la Révolution, le château connaît à partir de 1830 une lente traversée du désert.

Il renaît brillamment en 1895, grâce au ***comte Cahen d'Anvers*** qui le restaure entièrement et le remeuble en donnant toutefois au château toutes les nouvelles commodités. L'électricité est installée et de nombreuses salles de bains sont aménagées. Il fait également agrandir la perspective centrale du jardin et le transforme en parc mixte : jardin à la française dans un parc paysager à l'anglaise. C'est ce « lifting » réussi qui permet à Champs, après ***son legs à l'État en 1934,*** de devenir l'une des résidences de la ***présidence de la République jusqu'en 1972.***

La visite

À l'entrée, ***superbe grille d'honneur*** surmontée du chiffre des Cahen d'Anvers. Le château frappe d'emblée par sa sobriété extérieure, ses proportions humaines, et la luminosité apportée par de nombreuses et grandes fenêtres. La façade avant est classique et sobre, toute d'élégance et de géométrie avec ses 3 avant-corps ; celui du milieu, composé d'un portique dorique, rappelle celui de l'Élysée.

À l'intérieur, chaque salle a retrouvé son décor et l'usage que Charles Cahen d'Anvers lui avait attribué. La visite est libre et, dans chaque pièce, une tablette tactile permet d'accéder à des infos supplémentaires concernant l'usage de la pièce, son décor, son mobilier et les tournages de films.

On commence par le ***grand salon*** rythmé par des pilastres, qui offre une vue superbe sur le parc. Le ***fumoir,*** avec ses boiseries et sa belle tapisserie de Beauvais, communique avec le ***billard-bibliothèque.*** Dans l'angle, bénéficiant d'une double exposition, la pièce majeure du château : le ***salon chinois,*** avec ses délicieuses et superbes boiseries peintes par Christophe Huet vers 1748, représentant des scènes de la vie quotidienne dans une maison de plaisance d'un Orient rêvé. Après le ***salon rouge,*** on voit encore, dans une belle et douce combinaison de bleu et de gris, les délicates fresques bucoliques et orientales du ***cabinet camaïeu,*** elles aussi peintes par Huet. Dans l'autre aile, on découvre une vaste ***salle à manger*** avec

SILENCE, ÇA TOURNE !

Avec son décor XVIIIe s presque intact, Champs est très prisé des cinéastes. Ils ont volontiers fait passer le château pour Versailles dans de nombreux films, comme Les Liaisons dangereuses, de Stephen Frears, Marie-Antoinette, de Sofia Coppola, ou Ridicule, de Patrice Leconte. Un autre travestissement notoire eut lieu lors du tournage du Promeneur du Champs-de-Mars, de Robert Guédiguian : on fit passer la salle de bal... pour l'Élysée !

une grande scène de chasse complétée, au-dessus des portes, par des tableaux de chiens – Champs fut, en son temps, un important domaine de chasse. Dans la chambre attenante, remarquez le bureau et la commode de type Boulle, en marqueterie typique du XVIIIe s. Le ***couloir des offices,*** avec son tableau d'appel pour les domestiques et ses buffets remplis de vaisselle, témoigne aussi d'un autre temps. Il dessert la salle à manger des enfants, ancienne ***salle de bains de la Pompadour,*** au décor unique de faux marbre commandé à l'architecte Gabriel (celui de la place de la Concorde).

Au 1er étage
– On accède au 1er étage par l'***escalier d'honneur,*** dont la rampe est ornée du monogramme de son dernier propriétaire, « LC ». Le vaste et somptueux ***salon de musique*** permet de découvrir, d'en haut, les parterres de broderies du jardin. À côté, la ***chambre bleue,*** avec son cabinet de toilette et son antichambre, forme un appartement privé. Au-dessus des portes : de jolies scènes de marivaudage. Dans l'autre aile, la ***chambre d'honneur*** pour les invités de marque adopte elle aussi le style du XVIIIe s, avec lit à la duchesse et son dais fixé au plafond. La ***chambre de M. et Mme Cahen*** mérite que l'on s'y attarde pour sa corniche décorée de couples mythologiques célèbres. On passe ensuite dans les couloirs qui desservent les ***salles de bains*** installées au XIXe s.
Au 2e étage (qui se découvre dans le cadre de visites guidées) se trouvaient les ***chambres d'enfants et celles du personnel.***

Le parc

Dessiné vers 1710 par Claude Desgots, le neveu de Le Nôtre, il constitue un subtil ***mélange de jardin « à la française » et de parc « à l'anglaise »*** (rajout du début du XIXe s), sur une superficie de 85 ha. La perspective principale (980 m de long) s'ouvre sur des parterres en déclinaison d'une parfaite symétrie, pour se poursuivre par 2 bassins successifs jusqu'aux Bains des chevaux d'Apollon des frères Marsy, reproduction monumentale de ceux du jardin de Versailles. Prenez le temps de vous y promener, car il réserve quelques surprises.

NOISIEL

(77186) 15 750 hab.

La cité ouvrière Menier : *quartier situé autour de la pl. Émile-Menier. Visite de la cité ouvrière 1 sam/mois et de l'ancienne chocolaterie 2 sam/mois. Tarif 8 €/pers, réduc (rens et inscriptions auprès du service patrimoine de la mairie : ☎ 01-60-37-73-99 ou sur le site de la mairie). Déambulation dans le quartier d'autant plus sympa le sam mat, j. de marché sur la pl. Émile-Menier.*

Commune voisine de Champs-sur-Marne (et même accessible à pied depuis le château de Champs), on ne manquera pas de faire un crochet par la cité ouvrière de Noisiel.

Tout commence au début du XIXe s, quand M. Menier, apothicaire à Paris, rachète un ancien moulin à blé à Noisiel pour préparer des poudres pharmaceutiques, dont la poudre de cacao,

BON PLAN POUR LES GOURMANDS

En 1836, les chocolatiers Menier inventent... la tablette de chocolat ! Jusque-là le chocolat, outre son usage pharmaceutique, était conditionné en « pains », qu'il fallait râper (on le consommait en chocolat chaud) : avec la tablette, son usage en pâtisserie est lancé, et surtout, on découvre le chocolat « à croquer » ! Alors, merci qui ?

alors considérée comme une drogue à usage pharmaceutique et un produit de luxe. L'apothicaire était loin de se douter qu'il serait à l'origine d'une véritable dynastie industrielle durant 5 générations...

À la fin du XIXe s, les industriels Menier, influencés par les utopies sociales, hygiénistes et urbaines de l'époque, et pour fidéliser leurs employés dans un contexte où le travail ne manquait pas, décident d'édifier une ***cité ouvrière.*** Près de 300 maisons de bon confort et avec jardin sortent de terre, implantées en quinconce de part et d'autre des rues pour plus d'intimité. Outre les maisons, c'est toute une ***série d'infrastructures collectives*** qui voient aussi le jour.

La chocolaterie Menier

© LOURDEL Lionel / hemis.fr

Un groupe scolaire est construit (à l'heure où l'école n'était pas encore obligatoire) ; une bibliothèque, de jolis réfectoires aux tuiles vernissées ; l'ancienne mairie mais aussi des magasins d'approvisionnement, un domaine agricole qui fournit céréales, œufs, laitages, une maison de retraite, 2 hôtels-restaurants complètent les équipements collectifs. Un service médical et une compagnie privée de sapeurs-pompiers assurent hygiène et sécurité... Bref, Menier s'occupe de tout, du berceau à la tombe !

Et, clou architectural : les bâtiments de la ***chocolaterie*** bien sûr ! *L'**architecture industrielle*** des années 1860-1920 est recouverte d'un ***joli décor de briques émaillées.*** On distingue de-ci de-là le monogramme de Menier, un décor de fleurs et de cabosses de cacao. Le site, prochainement quitté par son actuel propriétaire Nestlé France, va se muer en un nouveau quartier de Noisiel, où se trouvera, entre autres, la Cité du goût – autour du chocolat *of course* – dans un avenir prochain.

Les Menier furent élus maires pendant près d'un siècle, jusqu'en 1959 ; c'est dire s'ils ont laissé leur empreinte dans la ville mais aussi dans la région. La famille possèdera jusqu'à 15 châteaux, dont celui de Chenonceau (toujours dans la famille aujourd'hui).

La Ferme du Buisson, scène nationale de Marne-la-Vallée : *allée de la Ferme, 77186 Noisiel. • fermedubuisson.com • Billetterie sur place, en ligne ou au ☎ 01-64-62-77-77. Resto fermé lun soir, sam midi et dim.*

Unique témoignage bâti de *l'**histoire agricole de Noisiel,*** la Ferme du Buisson illustre le projet global des Menier. Ce vaste ensemble agricole de 1 500 ha vient s'ajouter en 1879 au domaine des industriels chocolatiers.

À l'exception d'une grange du XVIIIe s, il est reconstruit par les Menier dans l'esprit industriel et esthétique qui leur est cher. Pour eux, le secteur agricole est tout aussi important que les secteurs social et institutionnel (cité ouvrière) ou productif (usine). Le souci de modernisation et de rationalisation est constant : construction

d'une voie de chemin de fer, matériel à la pointe de la technologie, concours de machines agricoles.
Rachetée par l'État en 1968 puis réhabilitée, la Ferme du Buisson est devenu un ***lieu de vie et de création.*** Elle accueille un centre d'art contemporain, une ***scène nationale,*** un cinéma et une médiathèque, sans oublier ***un resto*** "Le Relais du Buisson". ☎ *01-60-20-92-95. Fermé dim, sam midi et lun soir. Formule midi 16,90 €. Menu soir 32 € ou carte.*

À voir. À faire dans les environs

Le parc de Noisiel : *cours du Château. Ouv tlj mars-avril, sept-oct 8h30-19h, mai-août 8h-21h et 8h-17h30, nov-fév 8h-17h30.* Grandes pelouses avec des zones ombragées, idéales pour pique-niquer le long de la rive sud de la Marne. Aires de jeux pour les enfants.

Randonnée le long de la Marne : *10 km le long de la Marne de la gare de Lagny-Thorigny (ligne P) à celle de Noisiel (RER A).* Chemin bien aménagé. Traversée de la Marne au niveau de l'île de loisirs de Vaires-Torcy pour accéder à l'ancienne chocolaterie Menier. Puis remontée par le parc de Noisiel.

Île de loisirs de Vaires-Torcy : elle a été entièrement réaménagée et le stade nautique olympique de Vaires-sur-Marne accueillera les compétitions de canoe-kayak et d'aviron lors des JO de Paris 2024. Les infrastructures sont à la hauteur de l'évènement : un bassin d'aviron et de course en ligne, et un stade d'eau vive dans lequel 4 rivières artificielles ont été installées. • *vaires-torcy.iledeloisirs.fr* •

CHELLES (77500)

Cosa nostra skate Park : *18, rue du Tir.* ☎ *01-64-72-14-04.* • *cosanostraskatepark.com* • Géré par l'association ***Tribe le Skateboard Club,*** le skate park doté d'installations extérieures et intérieures est ouvert à tous pour la pratique amateur ou professionnelle. Des cours et des stages sont proposés toute l'année pour tous les âges et tous les niveaux.

Le Musée des Transports Urbains de France : *1, rue Gabriel-de-Mortillet.* ☎ *01-60-20-45-50.* • *amtuir.org* • *Ouv le 3e samedi du mois mars-oct, 10h-18h. Entrée : 8 €, réduc. Visites possibles lors de la Nuit des musées et des Journées du patrimoine.* Le musée présente dans un vaste hangar 150 d'histoire des transports publics avec une belle collection d'omnibus, tramways... complétée par des maquettes, des vidéos et de nombreux documents. Nostalgie quand tu nous tiens !

Les coteaux du Montguichet : *chemin du Beauzet.* 📱 *06 12 97 45 30.* Sur un domaine viticole péri-urbain de 6 ha, Pierric Petit, un ancien menuisier, conduit six ha de vignes en agriculture biologique. Le vigneron, qui exploite des coteaux situés à cheval entre la Seine-Saint-Denis et la Seine-et-Marne a fait sa première récolte en 2021 et construit maintenant son propre chai afin de pouvoir vinifier lui-même. Les vins IGP Île-de-France sont labellisés bio par Ecocer. Une initiative intéressante pour réintroduire la vigne en Ile de France.

AU FIL DE LA MARNE

Cette partie du territoire, la plus proche de la région parisienne, comprend des communes regroupées sous le nom de Marne et Gondoire. La Marne, vous connaissez. La Gondoire, quant à elle, est un petit cours d'eau, affluent de la Marne et de ce fait sous-affluent de la Seine. Moins connues que leurs prestigieuses voisines, ces petites communes qui s'étalent le long de la Marne renferment des pépites que nous vous invitons à découvrir comme Lagny et son joli centre-ville autour de l'église Notre-Dame des Ardents, également de belles demeures en meulières sur les quais de la Marne.

Adresse utile

Office de tourisme Marne et Gondoire : 2, rue du Chemin-de-fer, 77400 ***Lagny-sur-Marne.*** *☎ 01-64-02-15-15. • marneetgondoire-tourisme.fr •* Nombreux documents, plans, balades, itinéraires à vélo ou à pied très bien faits. Dépliant sur Lagny.

Où dormir ? Où manger dans les environs ?

Camping

Camping international de Jablines : *base de loisirs Jablines-Annet, 77450* ***Jablines.*** *☎ 01-60-26-09-37. • camping-jablines.com • À 10 km au nord de Disneyland Paris. Ouv fin mars-fin oct. Mobile homes 70-85 €/nuit (min 3 nuits, hors juil-août) ; forfait tente 2 pers avec voiture ou caravane, électricité incluse, 30-35 €/nuit.* Situé sur l'immense base de loisirs de Jablines (plus de 500 ha) où l'on peut profiter d'une pléthore d'activités (voir « À voir. À faire »). Camping bien entretenu avec tout l'espace désiré. Un bus (n° 24) pour Disneyland Paris relie le camping à l'entrée du parc.

Prix moyens

Restaurant du temple Ch'an Fa Hua : *av. Madame-de-Montespan, 77600* ***Bussy-Saint-Georges.*** *☎ 01-60-21-36-36. Mer-ven 12h-17h, sam-dim 9h-17h. Plat 10-15 € ; menu spécial 45 €.* Ne vous attendez pas à une jolie pagode colorée et exotique, il s'agit là d'un grand bâtiment moderne qui dépend d'une branche du bouddhisme chinois. On y trouve au rez-de-chaussée un restaurant végétarien ouvert à tous. Vous pouvez aussi passer y prendre simplement une boisson. Outre son activité religieuse, le temple est aussi un lieu culturel qui propose des expos et des activités en rapport avec le bouddhisme (méditation...). Service très aimable.

De prix moyens à plus chic

Les Coulisses : *6, rue du Docteur-Naudier, 77400* ***Lagny-sur-Marne.*** *☎ 09-50-92-29-78. Ouv mer-sam 9h-minuit, dim 9h-16h. À la carte env 40 € ; plats 16-25 €.* Effectivement, on est bien là dans les coulisses du théâtre de la ville dont les portes s'ouvrent au fond de la salle. Un lieu à la fois agréable, vivant et gourmand. Des produits frais, du fait maison, c'est bon et copieux, et les vins sont servis dans différents contenants (5, 15, 20 cl ou bouteille). On vote pour !

Fort Mardi : *33 av Thibaud-de-Champagne 77144* ***Montevrain.*** *06-11-29-38-21. Fermé dim hors saison, lun et mar midi. Menu midi en sem 20 € ; carte compter env 40 €.*

Brunch le dim de mai à sept 42,50 €. Dans une belle maison bourgeoise avec une agréable terrasse et un parc, un resto qui propose une cuisine de saison matinée de saveurs asiatiques apportées par les chefs originaires de Hong-Kong. Belle carte des vins et service pro.

Où acheter de bons produits ?

Cueillette du Plessis : *rue de la Cueillette, 77600* ***Chanteloup-en-Brie.*** *☎ 01-60-03-27-24. Mar-dim 9h30-12h30 et 14h-19h, sam tte la journée. Fermé en hiver. Marché couvert de producteurs tte l'année sauf dim ap-m.* Vraiment sympa d'aller ramasser soi-même son assiette selon les saisons et de faire découvrir aux plus jeunes comment poussent les légumes (non, les petits pois ne poussent pas dans les arbres !) et d'approcher ainsi un peu le métier de maraîcher. Beaucoup de monde l'après-midi le week-end.

À voir. À faire

➢ ***Randonnée dans la vallée de la Brosse :*** *12 km, 3h, facile, balisage jaune. En boucle au départ de la gare RER A de Bussy-Saint-Georges.* Une randonnée intéressante à plus d'un titre puisque qu'elle fait passer par le ***vignoble de la Brosse*** où 2 000 pieds de vigne ont été plantés en 2004 par la Communauté d'agglomération de Marne et Gondoire et sont entretenus depuis par les bénévoles de l'association *Les coteaux de la Brosse.*
Puis, par le ***moulin Russon*** *(rue du lavoir ; ☎ 01-64-77-27-14 ; visites mer et dim, oct-mars 14h-17h, avril-sept 15h-18h ; fermé déc-janv ; programme d'animations variées).* Dans la campagne, ce moulin à eau du XVIIe s fut modernisé en 1852 avec un engrenage à l'anglaise qui le transforma en petite minoterie. À l'intérieur, on peut découvrir son histoire et son mécanisme. Il fonctionne à nouveau et produit de la farine en vente sur place.

Parc culturel de Rentilly Michel-Chartier : *1, rue de l'Étang, 77600* ***Bussy-Saint-Martin.*** *☎ 01-60-35-46-72. • parcculturelrentilly.fr • Avr-oct 9h-20h, nov-mars 17h30.* Le domaine, qui a longtemps appartenu à la famille Menier (voir p. 129), est composé d'un parc à l'anglaise, d'une perspective à la française avec des miroirs d'eaux mais aussi d'une forêt avec des sentiers aménagés sous l'ombrage d'arbres vénérables. Mais ce qui retient l'attention et qui fait l'originalité du domaine, c'est le ***château, habillé par Xavier Veilhan*** de plaques d'inox et de glaces sans tain dans lesquelles se reflètent le ciel et la nature. Tout à fait surprenant ! Il abrite un ***centre d'art contemporain*** qui présente des expos temporaires. Un peu à l'écart, les anciennes écuries sont devenues un espace dédié au spectacle vivant. Les magnifiques ***bains turcs*** aménagés en 1891 et la ***salle des trophées*** à coté, dotée d'une charpente due aux ateliers Eiffel, accueillent des expositions d'art contemporain provenant de la collection du Frac d'Île-de-France ou de collections privées. L'***orangerie*** quant à elle abrite un ***centre de ressources documentaires dédié aux arts du jardin et à la nature,*** ouvert au public *(☎ 01-60-35-44-13 ; mer et sam 14h30-17h30, dim 10h30-13h et 14h30-17h30).* Un lieu qui a su merveilleusement s'adapter au XIXe s tout en combinant art et nature. On aime !

Parc des Frênes : *entre le village et la ville nouvelle de* ***Montevrain.*** Souvenir du parc de Chessy, il est planté d'arbres centenaires au gré d'étangs, de petites prairies et de sous-bois.

Jardin de sculptures de la Dhuys : *au bout de la rue de la Marne, à* ***Chessy.***

Entrée libre. Parking. Sur les bords de la Marne, un lieu particulièrement étonnant et insolite surtout à la tombée du jour ou quand la brume s'élève du fleuve. L'endroit est peuplé des monumentales sculptures de ***Jacques Servières*** réalisées à partir des pierres de l'aqueduc qui franchissait la Marne entre Chessy et Dampart et qui fut détruit au début de la Seconde Guerre mondiale. À partir de 1987, l'artiste s'installe sur le site et réalise 2 sculptures par an représentant des personnages, essentiellement féminins, ou des animaux, mythiques ou réels. Charnelles, voir érotiques, on pense à la fois aux temples mayas et à ceux d'Angkor, et on laisse vagabonder son imagination dans ce monde poétique.

Musée Louis-Braille : *13, rue Louis-Braille, à* ***Coupvray,*** *à la lisière de la forêt. ☎ 01-60-04-82-80. Avr-sept, mer-dim 10h-12h et 14h-18h ; oct-mars, mer-dim 14h-17h. Visites guidées ttes les heures. Entrée : 7 €, réduc.* C'est dans cette modeste demeure qu'est né en 1809 Louis Braille, fils de bourrelier, devenu aveugle à l'âge de 3 ans en se blessant avec un outil dans l'atelier paternel. Son père lui fabrique un alphabet avec des clous. Entre 10 et 18 ans, le jeune homme est élève à Paris, puis devient professeur à l'Institut des aveugles et organiste dans différentes églises. Au prix de nombreux essais et recherches par lui ou par d'autres que l'on vous expliquera lors de la visite, il mettra 22 ans pour faire reconnaître le braille comme langage. Il meurt de tuberculose à 43 ans et ne devient célèbre que dans les années 1880, après le congrès de 1878 recommandant officiellement le braille pour les aveugles. La langue des points devient un langage universel, ce qui vaut à son inventeur d'entrer au Panthéon en 1952. Toutefois, les mains du génial inventeur sont conservées dans une urne au cimetière de Coupvray. Tout un symbole pour celui qui a inventé un ***système d'écriture tactile pour les aveugles.*** À côté du musée, le ***jardin des cinq sens*** invite les visiteurs à une exploration de tous les sens sous une pergola.

Parc du château de Coupvray : *avr-sept 8h30-19h, oct-mars 17h. Fermé lun. À l'extérieur du village, en face de la grande ferme briarde datant du XVIIe s qui accueille maintenant une salle de spectacle et des associations.* Un beau parc avec jardins à la françaises et à l'anglaise. Du château construit au XVIe s, il ne reste que la façade fantasmagorique (surtout à la tombée de la nuit ou dans la brume), tel un décor de théâtre.

L'église Notre-Dame-de-l'Assomption à Lesches : construite au XVIIIe s, tout l'intérieur est recouvert de fresques racontant l'Ancien et le Nouveau Testament, peintes par Nicole Michigan à partir de 1983, et pour lesquelles des habitants du village ont posé.

Île de loisirs de Jablines-Annet : *77450* ***Jablines.*** *☎ 01-60-26-04-31. • jablines-annet.iledeloisirs.fr •* Autour et sur un vaste plan d'eau, une multitude d'activités : nautique (baignades, embarcations à pédales, planches à voile, kayak...), ou sport de terrain (golf, minigolf, tennis, ping-pong, course d'orientation, VTT...), mais aussi équitation, tennis. Voir horaires et tarifs sur le site internet.

PLUS AU SUD

Parc Hihan : *av. Joseph-Bodin-de-Boismortier, 77680* ***Roissy-en-Brie.*** *☎ 01-60-28-49-00. Ouv tte l'année, mar-dim 14h-17h (18h avr-oct). Entrée : 4 € ; gratuit moins de 2 ans.* En bordure de la forêt d'Émerainville, un petit parc sympathique géré et animé par des bénévoles. Ici les pensionnaires sont les animaux de la ferme : ânes (on s'en doutait), poneys, moutons, chèvres, cochons, canards, dindes, dindons, oies, poules, coqs... présentés dans différentes races et variétés.

On peut les approcher, les toucher, et même en nourrir certains (sauf les cochons, bien assez gras déjà !). Les plus jeunes enfants adorent.

Parc zoologique du Bois d'Attilly : *Route de Chevry, 77150* ***Férolles-Attilly*** *☎ 01-60-02-34-34. • zoo-attilly.fr • Ouv mai-aout 10h-18h (19h we) ; mars-avril et sept-oct 10h-17h ; le reste de l'année, parc ouvert mer, we, j. fériés et vac scol ttes zones 10h-17h. Fermeture des caisses 1h30 avant. Entrée adulte : 19 €, 15,50 € (12 -18 ans) ; 12 € (3-11 ans) ; gratuit moins de 3 ans. Forfait famille : 54 € (2 adultes et 2 enfants 3 -11 ans). Snack sur place. Parking gratuit. Évènements à l'occasion des fêtes (Pâques, Halloween, Noël...). Aires de pique-nique. Visites guidées payantes à partir de 10 pers sur résa. Expérience soigneur d'un jour, sur résa, 100 € (9-16 ans) + accompagnateur 50 €.* Un des plus anciens parcs zoologiques d'Île-de-France. Dans un environnement ombragé, il accueille près de 500 animaux de la faune sauvage des 5 continents. En suivant une allée centrale, le parcours permet de passer devant tous les enclos, car c'est bien la diversité du monde animal qui prévaut ici. Des panneaux d'informations et des pancartes signalétiques permettent de mieux connaitre les espèces animales présentées. Si le matin les animaux sont plus actifs, l'après-midi on peut assister au gouter des élégantes girafes, des loups, des chimpanzés, des hippopotames impressionnants, et mêmes des suricates, ces petites animaux de la famille des mangoustes surnommés les « sentinelles du désert ». Une visite fort plaisante qui ravira aussi les petits que les grands. Outre la protection des animaux sauvages et la coopération avec d'autres zoos pour s'échanger des animaux dans le but d'optimiser la reproduction et d'éviter toute consanguinité, le zoo du bois d'Attilly travaille aussi sur la psychologie animale.

LA FORÊT RÉGIONALE DE FERRIÈRES

➢ Pour la découvrir, on vous conseille une boucle d'environ 14 km (3h20, facile) au départ de ***l'église Saint-Rémy à Ferrières-en-Brie*** – église du XVIe s reconnaissable à son campanile qui renferme 2 cloches. Elle fait passer devant les grilles du ***château de Ferrières*** qui abrite une école hôtelière et un restaurant gastronomique de haut vol. Difficile d'apercevoir sa façade néo-renaissance au bout de la longue allée bordée de séquoias géants. Toutefois, si vous tenez vraiment à y pénétrer sachez que le restaurant *Le chai,* installé dans les anciennes cuisines, est plus accessible *(☎ 01-81-16-27-79 ; ouv lun-sam midi ; carte env 60 €).*
Non loin, dans ***l'allée de la Taffarette,*** le sculpteur Daniel Stinus a transformé les séquoias en totems.
– ***Maison de la nature :*** *3, allée du Château-d'eau, 77164* ***Ferrières-en-Brie.*** *Oct-mars, mer et sam 14h-17h ; avril-sept, mer 14h-17h et sam 15h-18h. Fermé fin juil-fin août et*

Le château de Ferrières-en-Brie

j. fériés. Aux portes de la forêt de Ferrières-en-Brie. Un bâtiment résolument moderne doté d'un toit paysage, la Maison de la nature propose chaque année des ateliers et des animations selon un programme varié avec des animateurs dans le domaine de la nature et du développement durable.

BRIE-COMTE-ROBERT *(77170)*

L'ancienne capitale de la Brie française tient son nom de Robert Ier de Dreux, fils de Louis VI le Gros, seigneur de Brie, qui fit construire son château-forteresse au XIIe s, bel exemple de l'architecture militaire du Moyen Âge. Il abrite un ***centre d'interprétation du patrimoine*** qui présente l'évolution du château depuis sa construction à nos jours à l'aide d'archives et des objets découverts lors des fouilles.

Centre d'interprétation du patrimoine : *1, rue du Château. ☎ 01-64-05-63-31. Mer 14h-17h, sam 14h30-18h, dim 10h-12h30 et 14h30-18h (sauf en août). Entrée libre. Également un parcours de découverte des tours du château disponible sur l'application mobile ESCAPAD (téléchargement gratuit App Store et Google Play).*
– ***Les Amis du Vieux Château de Brie-Comte-Robert :*** cette association dynamique participe à la sauvegarde, la réhabilitation et la mise en valeur du patrimoine de Brie-Comte-Robert et sa région. Elle organise aussi des visites et des ateliers. *Voir programme sur le site : ☎ 01-64-05-63-31. • amisduvieuxchateau.org/saison-patrimoine •*
À voir aussi, en vous baladant rue des Halles, l'ancien ***Hôtel-Dieu*** du XIIIe s devenu un ***centre d'arts*** et qui accueille derrière sa belle façade gothique des expos temporaires *(ouv en période d'exposition mer et sam 15h-18h, dim 10h-13h et 15h-18h ; ☎ 01-60-34-15-81).* Ne pas hésiter à rentrer dans l'***église Saint-Étienne*** dotée d'une belle rosace du XIIIe s, entourée un calendrier agricole. Dans le bas-côté sud de l'église, dans la cinquième travée sans chapelle latérale, verrière Art nouveau de Jacques Gruber, grand verrier français, représentant l'archange saint Michel terrassant le dragon.

Le château de Brie-Comte-Robert

DISNEYLAND PARIS

Indiscutablement, le prix d'une entrée à Disneyland Paris reste encore le billet le moins cher du monde pour l'Amérique, en tout cas celle de Mickey et de ses amis !
Disneyland Paris est situé à *Marne-la-Vallée,* à 32 km à l'est de la capitale. Tout a été pensé pour que l'on y soit heureux et hors de la réalité ou presque. Reconnaissons que la visite est dépaysante et les queues aux attractions sont rendues supportables par l'ambiance générale, vivante et colorée.
Une journée ne suffit pas à épuiser tous les plaisirs qu'offre le parc. Idéalement, il faudrait y passer un week-end. D'autant plus que Disneyland Paris comprend en fait 2 parcs, le *parc Disneyland,* créé en 1992, mais aussi le *parc Walt Disney Studios,* dédié aux coulisses du cinéma et du dessin animé et qui s'est doté depuis peu d'une nouvelle zone thématique « Avengers Campus ».

Infos pratiques

– Pour connaître les tarifs, les forfaits, les horaires d'ouvertures et ceux des spectacles : *Rens ☎ 0825-300-500 ou 0825-95-45-28. • disneylandparis.com •* ♿ ***Rens visiteurs à mobilité réduite :*** un guide spécial est disponible au City Hall et à la réception de tous les hôtels de Disneyland Paris.
– ***Un bon tuyau :*** pour éviter l'attente aux guichets à l'entrée, mieux vaut acheter les passeports (billets) d'accès au parc à l'avance sur le site internet.

Où dormir ?

À proximité des parcs

Disneyland Paris propose, à proximité des 2 parcs, 6 hôtels assez chers et un ranch. Voir forfaits sur le site. Des navettes de bus gratuites vous mènent à l'entrée des parcs. Les 2 hôtels les « moins chers » sont le ***Santa Fe,*** qui rappelle un *pueblo* indien, et le ***Cheyenne,*** qui évoque le Far West. Les prix sont élevés mais néanmoins très variables en fonction des jours, saisons et offres. Compter un forfait minimum de 200 €/personne pour une chambre double.
Nouveauté : ***Disney's Hotel New York – The Art Of Marvel.*** Dédié aux héros des Marvels américains, il présente l'une des plus grandes collections au monde d'œuvres d'art Marvel. Également plusieurs restaurants et bars proposant des spécialités new-yorkaises ainsi qu'une gamme complète de plats et boissons sur le thème Marvel, y compris pour les enfants. Sans oublier une piscine intérieure-extérieure. Bien entendu tout cela à un prix !

Assez loin des parcs (mais moins cher)

Disney's Davy Crockett Ranch : *route Ranch-Davy-Crockett, 77700 **Bailly-Romainvilliers.** ☎ 0825-30-05-00. Résa sur • disneylandparis.com • ♿ Pas de navette pour les parcs : voiture indispensable.* Dans un charmant bosquet, plus de 500 bungalows en bois avec salon, cuisine équipée, 1 ou 2 chambres, salle de bains et toilettes, une place de parking juste devant son bungalow, une table et des bancs pour déjeuner à l'extérieur et un barbecue. Sur place, un resto, la *Crockett's Tavern* (sauf le midi), tout en rondins de bois. Également une boutique d'alimentation si vous préférez manger dans votre bungalow, une immense piscine avec cascade et rivière, des tennis et un mini-golf.

LE PARC DISNEYLAND

Ne pas oublier de prendre le plan (et le programme des animations) à ***City Hall,*** bâtiment sur la gauche de la 1re place après les guichets. L'entrée franchie, on débouche sur une petite place d'où partent un tramway tiré par un cheval et de vieux tacots dans lesquels les voyageurs montent gratuitement pour parcourir ***Main Street USA,*** bordée de restos et de boutiques.
Depuis cette place centrale et dans le prolongement de Main Street, une rampe conduit jusqu'au ***château de la Belle au bois dormant,*** que l'on traverse pour parvenir à ***Fantasyland.*** C'est le royaume des petits avec des attractions ayant pour thèmes les principaux dessins animés de Walt Disney.
Toujours en partant du rond-point, à gauche, une autre allée mène à ***Frontierland*** et à ***Adventureland.*** Dépaysement et émotions garantis dans Frontierland, avec le train fou de la mine, la maison hantée et des paysages du Colorado et du Mississippi reconstitués. Le climat tropical d'Adventureland accueille les aventures d'*Indiana Jones* et des *Pirates des Caraïbes* dans une végétation luxuriante.
Retour au rond-point central, à droite cette fois, l'avenir est en marche à ***Discoveryland.*** Dans un décor minéral, attractions futuristes à sensations comme ***Star Wars Hyperspace Mountain*** ou ***Star Tours,*** et plus familiales comme ***Buzz l'Éclair.***
Chacun de ces « mondes » offre, outre de grandes attractions, des activités libres (sans queue pour une fois !) ou des aires de jeux, des boutiques et des restos en rapport avec le thème illustré.

Trucs et tuyaux pour éviter de trop attendre...

– Si l'on peut, le meilleur plan est d'y aller en semaine (en évitant le mercredi...), ou à la rigueur un week-end en hiver.
– Quand l'***ouverture*** est à 10h, les caisses ouvrent dès 9h30. On conseille donc de s'y présenter entre 9h15 et 9h30, surtout si vous n'avez pas acheté votre billet à l'avance. En effet, les files aux diverses attractions sont réduites à l'ouverture. Commencez par les attractions les plus visitées.
– En fin de journée, tous les visiteurs n'attendent pas l'heure de la fermeture pour rentrer chez eux. Profitez de ce moment de grâce pour faire ou refaire les grosses attractions.
– Une visite à Disneyland ne s'improvise pas, surtout les jours de grande affluence. Si vous venez avec des enfants de ***moins de 4 ans,*** sachez que le nombre d'attractions les concernant est vraiment limité. Cela dit, il existe le service *Baby Switch,* destiné aux parents qui veulent faire une attraction inaccessible aux plus petits. Il leur permet d'y accéder à tour de rôle sans faire la queue une 2de fois. Il suffit de le signaler aux employés à l'entrée de l'attraction.
– *Disney Premier Access* est un système de réservation mobile pour accéder plus rapidement à certaines attractions des Parcs Disney en payant un supplément.

Où manger ?

Chez Mickey, il y en a pour tous les goûts et tous les prix, du burger servi en *fast-food* un peu partout aux spécialités des Caraïbes servies dans l'antre des *Pirates* à Adventureland. Dans chaque « monde », on peut manger des mets en rapport avec le thème : cow-boy et mexicain à Frontierland, exotique à Adventureland, etc.
Un conseil, ***évitez la tranche horaire 12h-13h30,*** si vous ne voulez pas vous taper une heure de queue pour déjeuner. *Vers 16h-17h,* à l'heure où on se poserait bien pour

goûter, rebelote, c'est saturé un peu partout. Conclusion : mieux vaut manger décalé.

PARC WALT DISNEY STUDIOS

Attenant au parc Disneyland, ce 2e parc à thème propose aux visiteurs de découvrir les coulisses du cinéma, de l'animation et de la télévision, à travers 4 « zones de production ». C'est plutôt à partir de 12-14 ans que les jeunes seront intéressés ,d'autant plus avec Avengers Campus.

Où manger ?

Bon marché

|●| ***En coulisse :*** *dans Front Lot.* Vaste *fast-food* figurant une cantine de cinéma.

|●| ***Bistrot chez Rémy :*** *dans World of Pixar.* Une brasserie parisienne traditionnelle.

|●| 3 restos dans Marvel Avengers Campus : ***PYM Kitchen,*** une cuisine expérimentale, ***Stars Factory pizza & pasta*** et ***Super Diner.***

À voir. À faire

Toon Studio

Cette zone est consacrée à l'art de l'animation, à l'origine du succès de Disney. C'est ici que vous vous dirigerez en priorité avec des enfants de moins de 10 ans. ***La Reine des Neiges*** vous y attend ainsi qu'un spectacle dans l'***Animagique Theater*** sans oublier ***Les Tapis volants,*** un manège classique sur le thème du dessin animé *Aladdin* qui plaira aux tout-petits.

Production Courtyard

Nous voilà dans les coulisses du cinéma et de la télévision avec ***Stitch Live,*** une animation qui permet de bavarder, plaisanter et jouer avec Stitch en temps réel. Les visiteurs sont en quelque sorte les héros de ce spectacle, qui n'est jamais 2 fois le même. Pour plus de frissons, on embarque dans ***The Twilight Zone Tower of Terror.*** Un décor époustouflant et des sensations fortes.

Avengers Campus

Depuis l'été 2022, Avengers Campus, vous accueille dans le monde des super-héros. Perché sur une plateforme futuriste en béton, l'impressionnant vaisseau des Avengers, le *Quinjet,* surplombe les lieux. ***Avengers Assemble :*** dans ce roller-coaster à grande vitesse, on embarque dans des vaisseaux hypersoniques propulsés à plus de 90 km/h, avant d'enchaîner loopings, descentes et virages. Plus calme, ***Spider-Man W.E.B. Adventure*** invite les visiteurs à attraper les Spider-Bots, des araignées robotiques. Installé dans un véhicule et équipé de lunettes 3D, il faut lancer des toiles d'araignée virtuelles avec les mains grâce à une reconnaissance gestuelle efficace et précise dans 4 décors différents.

World of Pixar

– ***Crush's Coaster :*** cette attraction inspirée par *Nemo* entraîne toute la famille dans une course vertigineuse à travers la barrière de corail.

– ***Ratatouille, l'aventure totalement toquée de Rémy :*** la course folle d'un rat (bien connu) dans un grand restaurant parisien. Expérience multisensorielle qui en met plein les mirettes, il faut bien l'avouer.
– ***Cars, Quatre roues rallye :*** sur le thème du film *Cars,* cette aventure vous embarque dans une rutilante décapotable, et c'est parti pour un rallye sur la légendaire *Route 66.*
– À découvrir aussi, ***Toy Story Playland*** et ses 3 attractions : ***Toy Soldier Parachute Drop,*** une simulation de saut en parachute à 27 m d'altitude ; le manège ***Slinky Dog Zig Zag Spin*** ; et le circuit ***RC Racer*** en forme de U qui monte à quelque 25 m (réservé aux amateurs de sensations fortes).

À L'EXTÉRIEUR DES PARCS

DISNEY VILLAGE

Aux portes des parcs, le *Disney Village* (accès gratuit), créé à l'origine par l'architecte californien Frank O. Gehry, mais depuis beaucoup modifié, offre à ceux qui souhaitent se dépayser la possibilité de passer une soirée américaine avec ses bars, ses restos, sa discothèque et ses boutiques. Sans oublier les 15 salles du cinéma Gaumont, dont une salle Imax. À midi, pour déjeuner, il y a généralement beaucoup moins de monde ici que dans le parc.

Où manger ?

|●| ***Rainforest Café :*** ☎ *01-60-43-65-65.* ♿ *Ouv 11h30-22h30. Menu 24€, menu enfant 14€. Compter env 21-25 € pour un burger ou une grande salade. À la carte, 19-32 €.* Un décor de forêt amazonienne plus vrai que nature. Toutes les demi-heures on a droit à la tempête tropicale qui déclenche éclairs, tonnerre et pluie diluvienne ! Dans l'assiette, grosses salades, pâtes, burgers, sandwichs et plats exotiques.

Au choix, on pourra aussi aller chez *Annette'Diner* pour les nostalgiques des années 1950, s'installer au *Royal Pub* pour son ambiance *so British,* ou bien encore chez *Billy Bob's Country Western Saloon* qui propose à l'étage un buffet de spécialités texanes.

Le Moulin Jaune, à Crécy-la-Chapelle

INDEX GÉNÉRAL

Les **Routards** *parlent aux* **Routards**

Faites-nous part de vos expériences, de vos découvertes, de vos tuyaux et de vos coups de cœur. Aidez-nous à remettre l'ouvrage à jour. Indiquez-nous les renseignements périmés. Faites profiter les autres de vos adresses nouvelles, combines géniales... On adresse un exemplaire gratuit de la prochaine édition à ceux qui nous envoient les meilleurs courriers, pour la qualité et la pertinence des informations. Quelques conseils cependant :

– Envoyez-nous votre courrier le plus tôt possible afin que l'on puisse insérer vos tuyaux sur la prochaine édition.
– N'oubliez pas de préciser l'ouvrage que vous désirez recevoir, ainsi que votre adresse postale.
– Vérifiez que vos remarques concernent l'édition en cours et notez les pages du guide concernées par vos observations.
– Quand vous indiquez des hôtels ou des restaurants, pensez à signaler leur adresse précise et, pour les grandes villes, les moyens de transport pour y aller. Si vous le pouvez, joignez la carte de visite de l'hôtel ou du resto décrit.

En tout état de cause, merci pour vos nombreux mails.

122, rue du Moulin-des-Prés,

75013 Paris

• ***guide@routard.com*** • ***routard.com*** •

Édité par Hachette Livre (58, rue Jean-Bleuzen, CS 70007, 92178 Vanves Cedex, France)
Photocomposé par Luminess SAS (561, rue Saint-Léonard – CS 40003 – 53101 Mayenne Cedex, France)
Imprimé par FINIDR
Achevé d'imprimer : juin 2023
Collection n° 27 - Édition n° 01
44/259/61
I.S.B.N. 978-2-0-17233480
Dépôt légal : juillet 2023

PAPIER CERTIFIÉ